商道

The Business Legend

陈铭全 韩 博 编著

中国纺织出版社有限公司

内　容　提　要

财富已经成为这个时代的最强音符，而我们要创造财富、把握财富，靠的是敏锐的商业嗅觉、超强的行动力和智慧，可能还有一些我们根本了解不到的方法。没有任何一种成功是不需要付出的，那些先富起来的人，无疑是先掌握了财富密码的人。

本书是一本不可多得的剖析商道智慧的书籍，书中不仅阐述了创造财富的基本原则，还通过实际案例展示了如何在不同的商业环境中灵活运用这些原则。无论您是初入商海的创业者，还是希望提升财富水平的投资者，本书都能为您提供宝贵的启示和实用的指导。

图书在版编目（CIP）数据

商道 / 陈铭全，韩博编著. -- 北京：中国纺织出版社有限公司，2025. 5. -- ISBN 978-7-5229-2660-5

Ⅰ. F712

中国国家版本馆CIP数据核字第2025AS0773号

责任编辑：李　杨　　责任校对：高　涵　　责任印制：储志伟

中国纺织出版社有限公司出版发行

地址：北京市朝阳区百子湾东里A407号楼　邮政编码：100124

销售电话：010—67004422　传真：010—87155801

http://www.c-textilep.com

中国纺织出版社天猫旗舰店

官方微博 http://weibo.com/2119887771

德富泰（唐山）印务有限公司印刷　各地新华书店经销

2025年5月第1版第1次印刷

开本：880×1230　1/32　印张：6

字数：108千字　定价：48.00元

前　言

在当今这个充满机遇与挑战的商业时代，财富的创造与积累成为许多人追求的目标。我们见证着无数商业传奇的诞生，也目睹了一些企业的兴衰起落。在这个复杂多变的商业世界中，掌握经商之道成为实现财富自由和人生价值的关键。

世界著名的成功学大师拿破仑·希尔曾写过《思考致富》一书。为什么是“思考”致富，而不是“努力工作”致富？成功人士强调，如果你想变富，只努力工作是不够的，你还需要“思考”，独立思考而不是盲从他人。富人最重要的一项资产就是他们的思考方式与别人不同，他们掌握了“商道”。

当你进行思考，做出决定并依照某一想法采取行动的时候，你就已经远远胜过了那些满腹学问但只会纸上谈兵的人。你的头脑就是你最有用的财富。成功者从不墨守成规、坚守现状，而是积极思考，千方百计创新突破。

事实上，富人之所以能跻身于致富之林，首先就在于他们在思考模式上突破了传统思想的框框，不因循守旧，不墨守成规。正因如此，他们的思维才会特别活跃，他们的才智才得到了充分发挥，才发现了许多赚钱的机会。并且，因为富人有着致富能力和良好的致富心态，他们懂得如何将资本运作起来，敢于冒险、主动尝试，有着超强的执行力，懂得“钱生钱”的道理，更看重人脉经营在致富过程中的重要性，而这正是很多白手起家的创业者们成功的原因。

如果你想做一个优秀的商人，就绝不能对日新月异的社会变化产生恐惧，相反，还应有一套切实可行的应变计划，使自己能够敏锐地把握生活中那些稍纵即逝的机会。

事实上，越是司空见惯的生活琐事，隐藏的商机越多。生活中，许多人也有赚钱的愿望，可是茫然四顾，却找不到入手的地方。他们会感叹说："晚了，该做的生意早就已经有人做了！"但是，事实正相反，做生意的人越多，产生的商机也越多，如果你把一个事物、一个现象往深了挖掘，往往会发现一些新的着眼点。从另外一个角度来看，机会其实就是一种自我经营，先寻找到自己微弱的优势，再以此为契机，逐渐将其发扬光大。

总是在别人用过的套路里打转是赚不了钱的，这时你唯一能做的，就是改变自己的观念。当经验在大脑里越积越多，甚至形成一种思维定式的时候，人们会习惯用自己的价值标准和思维模式来评判事物，这就叫作思想僵化。一般而言，如果你的心态总是趋于保守，就更容易陷入这样的困境，很难适应新的环境。殊不知，时代总是向前。逆水行舟，不进则退；不创新，不革命，终将被淘汰。

经商之道，是一门深奥且综合的学问，它涵盖了市场洞察、客户关系、团队管理、财务管理、创新思维、社会责任等多个方面。它不仅是关于如何赚钱的技巧，更是一种对商业本质的理解和对人生价值的追求。那些在商业领域取得巨大成功的人，往往不是因为他们拥有得天独厚的条件，而是因为他们深刻理解了商道的精髓，并能够灵活运用到实际的商业活动中。

本书旨在为渴望在商业领域取得成就的读者提供一份全面而实用的指南。我们将深入探讨如何充分利用自身机遇，把握市场趋势，成为财富的主宰者，从而改写自己的命运。书中不仅系统地阐述了财富创造的基本原则，还通过丰富的实际案例，展示了这些原则在不同商业环境中的灵活运用，让读者能够更加直观地理解和掌握。

商业之路充满挑战，但也充满无限可能。让我们一起开启这段探索商道的旅程，用智慧和勇气去创造财富，用诚信和责任去书写属于自己的商业传奇。相信通过不懈的努力和学习，您一定能够掌握商道密码，走向财富自由的彼岸，实现人生的价值和梦想。

编著者

2024年10月

目 录

第 01 章

积极主动地思考：强烈的渴望是实现财富梦的前提

一个人成功的因素有很多，而居于这些因素之首的就是心态。你认为自己是个人物，可以靠自己的力量创造财富，那么这种信念就会一直激励你积极向前。如果你对自己的前途犹疑不定，那么艰辛、枯燥的生活就会逐渐消磨你的热情，停滞的时间越久，就越缺乏开创事业的勇气。所以在人生的每个阶段，都不要放任自己随波逐流。你在这个世界上付出的热情越多，得到你想要的东西的可能性就越大。

成功没有定式，走好自己的路就行

有一些失败者不把自己当成主人，轻信任何一种关于成功的言论，而不愿意相信自身的体验。其实成功的路有很多条，别人能走得通的，不一定也适合你，反之亦然。如果说你并不具备人们所要求的种种条件，并不表示你不能另辟蹊径，走出一条自己的路来。

成为富人的途径有很多，就一个人本身的基础而论，当然是起点越高越容易发展，权势地位、雄厚的资金乃至学历技术都是致富的垫脚石。从头脑、性格等方面说，乐观、勤奋、独立思考、有信用、有人缘的人更容易成功。

如果你拥有上述的特点，即使只拥有一部分，也恭喜你已经有了成为富人的基础。只要你肯努力，成功就在不远处等着你。另一方面，如果我们一穷二白，没有任何可以自豪的长处，又该如何呢？

条条大道通罗马，只要一心向前，机会总是有的。

英国人霍布代尔是一所中学的一位清洁工，已经勤勤恳恳地工作了很多年。一次偶然的机会，学校新来的校长发现霍布代尔是个文盲，他不能容忍自己的学校中有一个文盲，于是便将他解雇了。霍布代尔痛苦万分，因为对于他这样一个文盲，到哪儿工作都将面临这个问题。但是痛苦的霍布代尔并没有自暴自弃，他开始思考这样一个问题：我真的一无是处了吗？突然他高兴起来，因为他想到了他的手艺——做腊肠。霍布代尔做的腊肠曾深受学校师生的欢迎，基于此，霍布代尔产生了做腊肠生意的念头。几年后，英国或许有人不知道莎士比亚，不知道劳斯莱斯，但没有人不知道霍布代尔的腊肠。

在我们身边，有许多人因为出生在贫困、闭塞的环境里，往往没有多少受教育的机会。成年后他们面对外面的世界，难免会自卑。别的创业者都是提着笔记本电脑，话语间还夹杂着英语单词，于是一些教育背景差的人开始气馁：我靠什么与其他人竞争呢？

是的，比学历、比专业你可能要逊色一些，但是换个思路想：我们为什么一定要拿自己的弱项与别人的长项相比呢？他学历高，你头脑活；他敏锐，你勤勉；他看得远，你做得细。每个城市都有一批没有受过多少高等教育的小老板，他们的成功就是以弱胜强的样本。

成功的路有很多条，别人能走得通的不一定适合你，反之亦然，如果说你不具备人们所要求的种种条件，这不表示你不能另辟蹊径，走出一条自己的路来。

甲骨文公司的创建者埃里森没有显赫的身世，他母亲19岁生下他，在他9个月大的时候遗弃了他，是舅舅把他抚养成人。在埃里森的记忆里，他只与母亲见过一面，知道她是犹太人，而父亲的身份至今还是一个谜。不知是否和他的身世有关，埃里森的坏脾气臭名远扬，“骄傲、专横、爱打嘴仗”成了埃里森的代名词。

“读了三个大学，没得到一个学位文凭”，换了十几家公司，还是一事无成，直到32岁，埃里森才靠2000美元起家，创造出了“甲骨文奇迹”。

埃里森是推销高手，他不是直接推销产品，而是为产品的市场环境造势。他到处宣传关系数据库的概念，称其可以加快数据处理的效率，容纳和管理更多的数据。与此同时，埃里森演讲时，题目经常是“关于数据库技术的缺陷”，然后紧跟着介绍甲骨文是如何解决这些问题的，并当场演示，让人印象深刻。可以说，埃里森的成功靠的不仅是技术，更多的是市场推销。

埃里森懂得抢先占领市场的重要性：研制产品并将其卖出去是最重要的事情，其余的事情都不重要。埃里森公司的发展策略是：拼命向前冲，拼命兜售甲骨文的产品，扩大其市场占有率。

这就是埃里森的精神，2009年时，他已成为福克斯全球富豪榜第4名。

一般来说，那些世界级的大富豪们，总有一些宽容、沉稳、谦逊、大度的性格特点，但是埃里森却是一个另类。按说这么一个目中无人、我行我素的家伙，是很难与成功、富有等词联系起来的，但是埃里森偏偏就取得了让人望尘莫及的成就。我们可以这么说，在创造财富的道路上，没有绝对的好性格和坏性格。比如执着和固执、琐碎和细心、胆识和莽撞等，其实只有一线之隔，你没有做事的雄心，就可能是一个坏脾气的凡人；你将自己性格中好的一面引导出来，用在事业上，就是一个特立独行的创业者。

我们每个人都有自己的优势与劣势，有自己强大或弱小的一面。我们当前最要紧的事就是认清自己，在已有的基础上探索未来的发展方向。

如果想要做得更好，一定要在看清外部世界的同时也看清自己的内心，既不高估自己，也不妄自菲薄，成功没有一定之规，谁都会有机会成功。

发现自我，然后实现自我突破

> 人生是一个积累的过程，偶尔的消沉和偶然的奋发并不会影响大局。可一个凡事消极怠慢的人和一个一直奋发图强的人，每天的得失都不同，每一年的成就积累当然也有很大的差异，这也就导致了他们的人生形成了强大与弱小、富足与贫穷、成功与失败的强烈对比。

穷人和富人在初入社会时，差别并不是很大。这些意气风发的年轻人，眼睛闪亮，干劲十足，渴望着一个美好的未

来。但是经过几年的拼搏后，其中一些人感觉到了个人力量的渺小，于是他们失望了、退缩了，忘却了当年发财致富、出人头地的梦想，沉溺于休几天假、拿点儿奖金、偶尔和三两个好友吃顿饭的小满足。长此以往，这些人的人生目标就会变得模糊，头脑迟钝，能力退化。

这种类型的人，遇到棘手的问题时会说“我解决不了”，处理稍微有点儿困难的事情时会说“我不会”。对他们而言，只要是有困难的事情就是办不到的事情。许多人在距成功只有一步之遥时就轻易放弃努力，仅仅获得一点儿皮毛知识就容易满足，还自作聪明地贬低那些认真工作的人，这样的人终将一事无成。

怠慢的人还有一个通病，那就是不容易集中注意力。要他们全神贯注地去做一件事情，哪怕只有一个小时，对他们来说也是痛苦的。碰到任何一件事情，他们都是依照最初所接受到的消极信息来解释，不会换一种方式思考。时间一长，他们对事情的认知程度就永远停留在最原始的水平上。

在我们每个人漫长的人生历程里，偶尔的消沉和偶然的奋发都是可以理解的，对我们的最终目标不会产生太大的影响。可一个凡事都消极怠慢的人和一个一直奋发图强的人，每天的得失都不同，每一年的成就积累当然也有很大的差异，这也就导致了他们的人生形成了强大与弱小、富足与贫穷、成功与失败的强烈对比。所以人一定要及早意识到心态的重要意义，尽量将自己的生活向积极的、光明的一面引导。

当然，所谓心态，绝不是几句口号那么简单。在积极向上的大框架下，你完全可以往深层挖掘，将其具体化，将其变成自己明确、可靠的人生地图。

凯斯特是一名普通的汽车修理工，生活虽然勉强过得去，但离自己理想的状态还差得很远，他希望能够换一份待遇更好的工作。有一次，他听说底特律有一家汽车维修公司在招工，便决定前去试一试。他星期日下午到达底特律，面试的时间定在星期一。

吃过晚饭，他独自坐在旅馆的房间中想了很多，把自己经历过的事情都在脑海中回忆了一遍，突然间他感到一种莫名的烦恼：自己并不是一个智商低下的人，为什么至今依然一事无成，毫无出息呢？

他取出纸笔，写下了4位自己认识多年、薪水比自己高、工作比自己好的朋友的名字。其中两位曾是他的邻居，现在已经搬到高级住宅区去了，另外两位是他以前的老板。他扪心自问：与这4个人相比，除了工作以外，自己还有什么地方不如他们呢？是聪明才智吗？凭良心说，他们实在不比自己高明多少。经过很长时间的反思，他终于悟出了问题的症结——自己性格、情绪的缺陷。在这一方面，他不得不承认自己比他们差了一大截。

虽然已是凌晨3点，他的头脑却出奇地清醒。他觉得自己第一次看清了自己，发现自己过去很多时候不能控制自己情绪的缺陷，例如爱冲动、自卑，不能平等地与人交往等。

整个晚上，他都坐在那儿自我检讨。他发现自从懂事以来，自己就是一个极不自信、妄自菲薄、不思进取、得过且过的人；他总是认为自己无法成功，也从不认为能够改变自己的性格缺陷。

于是他痛下决心，决定改变自己，从此再也不要有不如别人的想法，也绝不再自贬身价，一定要改变自己的情绪和性格，弥补自己在这方面的不足。

第二天早晨，他满怀自信地前去面试，并且被顺利地被录用。在他看来，他之所以能得到那份工作，与前一晚的感悟以及重新树立起的这份自信不无关系。

在职的两年，凯斯特逐渐建立起了一个好名声，人人都认为他是一个乐观、机智、主动、热情的人。在后来经济不景气时，每个人的情绪都受到了考验。而此时凯斯特已是同行业中少数可以做到生意的人了。公司进行重组时，分给了凯斯特可观的股份，并且增加了薪水。

一个人成功的因素有很多，而居于这些因素之首的就是积极和热忱。只要你凡事都满怀热情地去做，拿出蕴藏于身的能力来，这股力量就可以立即改变你人生中的任何局面。你愈投入，事情就愈显得容易，一切都会变得有可能，没有什么是太麻烦或太困难的。所谓“拉紧生命的纤绳”，其意义正在于此。

随波逐流固然轻松愉快，但长此以往就会被生活的波涛吞没。很多人都知道放纵自己不好，但他们总是安慰自己：“先放纵自由一段时间，待以后再抓紧也不迟。”然而要回过头来再抓紧自己是很难的，需要付出十倍、百倍的代价，因为你已经习惯了顺流而下。而那些义无反顾地投入到生活中去的人，即使暂时还没有品尝到成功的果实，但是已经在不知不觉中磨砺了自己的精神体魄，增强了与命运对抗的能力。

你想成为什么样的人，就有可能成为什么样的人

> 一个人要想获得成功，出人头地，成为生活和工作中的优胜者，首先应该在心目中明确自己是优胜者的意识。不管你遇到什么样的挫折或不利的环境，这种信念都不能动摇。只以某一阶段的成就高低来肯定或否定自己，为时过早。

每个人都是一个独立的个体，有属于自己的命运与生活。有人少年得志，有人大器晚成；有人干什么都一帆风顺，有人总与打击和磨难为伍。在现实中，我们不得不承认自己的某些方面的确不如人，但是这种现实的差距并不代表我们就是一个没有能力的低能儿，在人生的竞技场上，一开始能不能领跑并不重要，先到达终点才重要。

在动画片《花木兰》中，木兰的父亲对木兰说：“树上开的每一朵花都是独特的，你可能是最晚开的一朵，但一定是最

漂亮的。”这句话的现实意义在于，生活中我们需要有一个平和的心态，在面对春风得意的人或不利于自己的环境时，不示弱、不气馁，永不放弃成功的希望。

1996年，年仅28岁的何恩培从珠海来到北京，他的弟弟何战涛已经先到达等他。何恩培兄弟俩都毕业于华中理工大学，弟弟学的是计算机，而何恩培学的是固体电子学，他们都希望在北京能找到自己的用武之地，一展身手。

刚开始，兄弟俩来到北京的一家小软件公司工作，后来在这家软件公司从不到10个人发展到60个人的时候，何氏兄弟选择了离去。原因有两方面：一是利益机制问题，何恩培希望公司推行股份制，但是老板没有同意；二是何氏兄弟认为公司的发展战略不符合市场发展规律。道不同不相为谋，于是他们决定离职自己组建公司。

1997年10月，一家名叫“铭泰科技”的小公司在中关村开张，包括何恩培兄弟在内只有5人，哥哥负责市场策划，弟弟负责做技术开发。吸取了在上一个公司工作的经验和教训，哥哥认识到“铭泰”要想发展就必须解决机制和产品问题，机制是公司的基础，产品是公司的方向。善于经营的哥哥将“铭泰”确定为有限责任公司，建立开放式的公司机制以吸引人才，并防止日后由于股权问题而发生经营混乱。在产品方面，经过对各种因素的综合分析后，他们发现翻译软件既符合市场需求，又切合公司实际。

1998年，弟弟主持开发的汉化翻译软件《东方快车》问世，销量迅速增长。2001年初，连同面向海外市场的海外版、港台版，《东方快车》的正版用户已经突破600万。此后的一年多时间里，“铭泰”利用境内外投资迅速壮大，先后成功发售了《东方网神》《东方网译》《东方不败》《东方卫士》和《东方影都》等系列畅销软件。

从一个只有9平方米的地下室、5名员工的小公司开始创业，短短3年时间，其公司已拥有上亿资产。

何氏兄弟既有头脑，也有技术，但是在他们的第一份工作中却难以有出色的展现，说到底还是处于一个不利于发挥才能的环境的缘故。尽管人生无法假设，但我们还是要问一句：假如他们只因做职员时的平凡表现就破灭了梦想，不主动走出去，结果是不是泯然众人，平庸一辈子？

成功的道路不止一条，有人走的是直线，有人却不可避免地要走一些弯路，这都不要紧，只要你还对自我价值保持信心，那么一切都来得及。

一个人要想获得成功，出人头地，成为生活和工作中的优胜者，首先应该在心目中明确自己是优胜者的意识。同时，他还必须时时刻刻像个成功者那样思考、行动，并培养身居高位者的广大胸襟。这样总有一天会心想事成，梦想成真。

你怎样认识自己过去的人生，就会导致你怎样认识自己，最终决定你有什么样的自我确认。请认真想一下，过去、现在和未来，你是什么样子，你评价自己的标准又是什么呢？例如

一个人在十年前过得并不如意，但他想象着自己有一个美好的未来，并积极向此目标奋斗，结果今天的他正是当年他心目中想象的那个“未来形象”。由此可见，你以什么样的标准来看不同时期的自我，将会影响你自我确认的发展方向。

为自己确定一个华丽的梦想，然后为之奋斗

> “奋斗”两个字，容易给人一种艰辛、枯燥的感觉，然而事实上并非如此。那些心存梦想的人，也许只有50%的机会能实现自己的抱负，但他们会100%拥有幸福踏实的人生历程。

我们已经知道，远大的理想可以帮助一个人确立人生方向，让人懂得应该如何开始行动。但这并不是理想的全部，从心态的层面上讲，理想还有另一种潜在的意义，那就是我们能否拥有一个快乐的奋斗过程。

“奋斗”两个字，容易给人一种艰辛、枯燥的感觉，然而事实并非如此，为心中的梦想而奋斗的人，热情充沛，每一天都过得无比幸福和踏实；反倒是那些不思进取、得过且过的人，常常会陷入空虚与懊恼之中。

即使你一直都生活在贫困之中，也请你不要放弃自己的梦想。当你想要专心致志地集中你的思想时，不妨把你的眼光

望向一年、三年、五年甚至十年后：幻想自己是这个时代的强者；你拥有相当不错的收入；你购买了自己的房子；你正从事一项永远不用害怕失去地位的工作……专注于这些想象，你就可以把自己的每一天看作一个逐渐接近目标的过程，并且享受奋斗的快乐。

那些心怀梦想的人，虽然表面上看不出来，内心却有着让自己变得与众不同的力量。

你不妨在最忙碌的时候，起身看看周围的同事。一样的部门，一样的办公室，同样的工作，看似差不多的生活，但是十年后，这些人当中必定有人会过着与众不同的生活。在看似平凡的外表下隐藏着梦想的人，就会是这个预言的主角。有梦想的人，就算不能实现这个梦想，也会因为奋斗的过程而实现特别的价值。有梦想的人，言行举止都与相同处境的人不一样。

如果你是一位为分数而读书的学生，你会得到分数；如果你为求知而读书，你会得到更好的分数和更多的知识。如果你想做一笔生意，你可能会做成；如果你为了事业而做一笔生意，你会做得更好而且会建立你的事业。如果你为薪水而工作，你会得到薪水；如果你为改善公司而工作，你不仅会得到较多的薪水，也会得到满足和同事的敬重，你对公司的贡献将会大得多，你的报酬也会多得多。

心存梦想，力争上游的人，他的每一天都比周围的人更积极、更活跃，这就是量变。如果你能坚持这种积累，必定会发生质变，有不凡的成就。

20世纪30年代，在英国一个不出名的小镇里，有一个叫玛格丽特的小姑娘，自小就受到严格的家庭教育。父亲经常向她灌输这样的观点：无论做什么事情都要力争一流，永远做在别人前面，而不能落后于人。“即使是坐公共汽车，你也要永远坐在前排。”

正是从小父亲的这种“残酷”教育，才培养出了玛格丽特积极向上的决心和信心。在之后的学习、生活或工作中，她时时牢记父亲的教导，总是抱着一往无前的精神和必胜的信念，尽自己最大努力克服一切困难，做好每一件事情，事事必争一流，以自己的行动实践着“永远坐在前排”。

玛丽格丽特上大学时，学校要求学五年的拉丁文课程。她凭着自己顽强的毅力和拼搏精神，硬是在一年内全部学完了。令人难以置信的是，她的考试成绩竟然名列前茅。

其实，玛格丽特不光在学业上出类拔萃，她在体育、音乐、演讲及学校的其他活动方面也都一直位于前列，是学生中的佼佼者。当年她所在学校的校长评价她说：“她无疑是我们建校以来最优秀的学生，她总是雄心勃勃，每件事情都做得很出色。”

正因为如此，三十多年以后，英国乃至整个欧洲政坛上出现了一颗耀眼的明星，她就是连续四年当选保守党领袖，于1979年成为英国第一位女首相，雄踞政坛长达11年之久，被世界政坛誉为“铁娘子”的玛格丽特·撒切尔夫人。

除了那些百年不遇的天才和一些特殊的残障者，我们这些普通人在体力和智力上的差异并不大。如果在一开始，你就以一个伟大人物的标准来要求自己，那么即使你成不了伟人，也必然会有出色的表现。可以说，是梦想点亮了我们的人生。

三国时期，诸葛亮在写给他外甥的一封信中说过：“夫志当存高远……若志不强毅，意不慷慨，徒碌碌滞于俗，默默束于情，永窜伏于凡庸，不免于下流矣”。意思是说，做人应该有远大的理想和志向，如果意志不坚定，思想境界不开阔，整天忙于身边的生活琐事，受个人感情的支配和束缚，长期在庸俗的气氛中过日子，就难免会成为一个平庸的人。

为了避免成为一个平庸的人，为了给那些平庸的日子一点色彩，请给自己选择一个梦想。

脚踏实地，内心不浮躁才能做大事

> 这是一个勇敢致富的时代，我们获得的信息，大都在传播穷人的弱点。那么穷人的优势又在哪里呢？踏实、坚韧、经得起摔打的性格，和不走出来就没有饭吃的压力，都是穷人最宝贵的财富，也是他们成功的根本。

翻开世界富豪的排行榜，我们会发现一个有趣的现象：这些站在时代前沿的富人们，要么是继承了家族的财产并将其发扬光大；要么是不折不扣的穷人，白手起家，创立属于自己的财富王国。而中产阶级出身并成为大富豪的，几乎可以用寥若晨星来形容。

造成这种结果的内在原因不难理解：富人子弟们起点高，他们成长的环境本身就是由资金、信息、经营等构成的，这对一个人思维方式的成型有潜移默化的影响。而穷人最初的动力来自“不得已”，你不动就没“面包”，于是路子就这样被蹚出来了。中产阶级的安逸生活和传统思想，限制了他们的进取精神，向上难以形成突破，向下又放不下架子，所以他们大多数成了靠学问和技术吃饭的工薪族。

许多成功人士都表示，贫穷是父母所留下来的最大的财富，因为贫穷，发奋图强成了唯一的出路。两千多年前，孟子就有过“天将降大任于是人也，必先苦其心志，劳其筋骨，饿其体肤，空乏其身”的人生定论。困窘的环境，本身就是一种素质训练，能从中站起来的人，已经与成功十分接近了。

日本歌手千昌夫，在兄弟三人中排行老二，小学三年级时父亲病故，全家人以母亲的积蓄勉强维持生计，因为实在太穷而无力支付电费，常常被停电，全家只能靠蜡烛照明。即使现在，每当他看到蜡烛，眼前还是会浮现当年贫困生活的情景。千昌夫初中毕业升入高中，心里仍旧有一种充满贫困、艰辛的感觉，这种感觉促使他产生渴望获得成功的雄心。高中二年级放假的一天，他独自一人乘夜间列车离家出走，以做歌手为目标直奔东京。之后拜作曲家远藤实为师，历经磨难与痛苦，最后终于成为风靡全日本的歌手。

某些人的生活一穷二白，所以他对自己的过去并没什么可留恋的，也就不怕打破旧有的生活框架重新开始。弱者有可能被生活重担压弯了腰，击破了梦，强者却可以将压力化为动力，以一种誓不回头的勇气，开始自我拯救。

那些已经走出第一步的穷人会发现，自己在困苦之中培养出来的坚韧的性格，是一笔可以终身受用的财富。

穷人没有丰盛的晚餐，没有华贵的服饰和丰富多彩的生活。他们的一切可以用两个字来形容，那就是“简单”。但正是这种简单的、不断重复的生活造就了他们能吃苦的性格，在他们看来，只有享不了的富，没有受不了的罪。这种吃苦的本性纵有逆来顺受的味道，但却是获得成功的一个很重要的资本。

“好事多磨”，大凡伟大的事业都是在艰巨的磨难中完成的。如果一个人生活太优裕，道路太顺畅，未经磨难，未经人生路上的摸爬滚打，一旦遇到坎坷和挫折，往往会一筹莫展，驻足不前，甚至长期地沉落在苦闷之中。

温室里的花朵，未曾经历风雨、见过世面，未曾形成独立自主的能力，也就没有任何承受折磨的心理准备和经验积累。而一个历尽沧桑、饱经风霜的人则不同，他是在磨难和挫折里长大和成熟起来的，他已经具备了应对挫折的心理承受力和驾驭生活的能力，面对人生中的大小磨难，他无所畏惧，勇往直前，凭着自己坚强不屈的意志，战胜挫折，取得事业的成功和人生的幸福。

第 02 章

思路决定出路：正确的观念和思路是最大的财富

成功学大师拿破仑·希尔说："一切的成就，一切的财富，都始于一个意念。"如果一个人决心要摆脱贫穷，那么富裕肯定不会远。人生的成败，其实是一系列选择的结果。富人是忠于现实、始终对自己的未来持有梦想的人，因此他能踏实地走好自己的每一步。

先摆正观念和态度，再去追求成功

> 富人是忠于现实、始终对自己的未来持有梦想的人，他知道自己从什么地方来，应该到什么地方去。因此他能踏实地走好自己的每一步，不会因为偶尔的挫折怀疑自己的能力，无论在什么样的境遇下，都能调动自己一切的聪明才智去解决问题。

一个人有什么样的思想认识，就有什么样的行动，穷人能不能致富，首先取决于他在内心把自己定位在什么层次。别人看你是穷人，这不算什么，因为他们只是拿最普遍的外在标准来衡量你，而这一切都不是不可改变的。但是如果你自己先对环境失望，然后再对未来失望，那么最终你就会逐渐向命运缴械投降了。

对于穷人，最可怕的从不是一无所有。你可以没有资金，没有技术，没有广泛的社会关系支持，但只要你没有放弃改变现状，明天就还在你手里。可如果你在内心深处已经认可自己“穷人”的定位，破罐子破摔，那么单靠外在力量是解救不了你的。

美国有一家袜店，老板雇佣了两个伙计，他们干同样的工作，吃一样的饭，也有一样多的收入。一个伙计卖袜子时无精打采，把袜子往顾客跟前一放，愿意买就买，不买就算了，嘴巴也懒得张开，顾客不问，他也不会主动去说。而另一个伙计则是眼睛里放着光芒，话语里含着激情。对每一位来到面前的顾客都敬之如宾，他会从一个个货架上拉下一只只盒子，把里面的袜子展现在顾客面前，让他们鉴赏，嘴里还说着："我想让您看看这些袜子有多美，多漂亮，真是好看极了！"他的脸上洋溢着笑容，工作做到了完美，也让顾客买了袜子，就这样天天如此，把这种热心和激情付诸收入不多的工作。后来，这位伙计成了美国著名的短袜大王，而另一位伙计因工作懈怠而遭到老板解雇，不知流落何方。

面对自己收入微薄的工作，很多人都失去了激情，甚至处于一种自暴自弃的状态。怀着这种心理去混工作，混生活，混人生的人，毕生也无法得到财富的青睐。

与之完全相反的是，另一种人对自己的未来充满信心，所以他们有一个好的心态和好的习惯去踏踏实实地做事情。不会因为偶尔的挫折去怀疑自己的能力，无论在什么样的境遇下，都能调动自己一切的聪明才智去解决问题。

这样的人即使尚未成为富人，也已经具备了发家致富的"富人心态"。这是一种感到自己一定会发达起来的意识。我们看见的成功，其实是一种成功心态的外在表现，是一种针对特殊的人生目标而建立起来的指导思想的结果。

郭广昌出生在浙江省东阳市横店镇的一个贫苦的农民家

庭。东阳虽然人杰地灵，但在经济上比较落后。像大多数的农家父母一样，郭广昌的父母也希望自己的儿子早日跳出“农门”，因此父母让他报考师范专科学校，一方面可以减轻家里的负担，另一方面也可以帮助他跳出“农门”。

拿到师专的录取通知书后，郭广昌心里有种说不出的难受。自己一心想离开家乡到外面去闯世界，如果读了师专势必会在家乡当一名乡村教师，自己的大学梦可能就再也圆不了了。郭广昌翻来覆去想了一个晚上，最后决定放弃上师专。他靠自己的坚持改变了命运，最终考上了复旦大学哲学系。

在大学期间，郭广昌做了两件至今仍然觉得非常得意的事情：第一件是1987年暑假，他一个人骑自行车沿大运河考察到北京；第二件是在1988年暑假，他组织了十几个同学搞了个“黄金海岸3000里”的活动，骑车沿海考察到海南。这两件事无疑帮助他在一定程度上了解了社会、认识了自己。

1992年，郭广昌决定辞职，自己去闯荡一番事业。他以3.8万元的启动资金，成立了广信咨询公司——这是复星的前身。他替一些公司做调查起家，什么七七八八的小商品、小生意也都尝试过。

十多年后，郭广昌身为上海复星集团董事长，以362.3亿元人民币的资产，名列2007年福布斯中国富豪榜第三位。

人生的成败，其实是一系列选择的结果。具备富人心态的人是忠于现实、始终对自己的未来持有梦想的人，因此他能踏实地走好自己的每一步。他知道自己从什么地方来，应该到什么地方去。从不会在人生的旅途上迷失自我。

别人夺不走的真正的财富，其实就深藏在你的内心之中。我们必须在物质生活变得富裕之前，先让思想富起来；在获得生活的成功之前，必须先拥有成功的观念。

要达到这一点，最基本的一条就是，让你的潜意识获得一种对成功相当透彻的理解，让成功在潜意识中扎根。必须相信自己会获得成功，相信幸运之神将会眷顾自己，满怀热情地为自己的理想而奋斗。

放低姿态，才会有更多的机遇光临你

> 穷人因为穷怕了，总是希望一竿子下去就能立刻打下红彤彤的枣来，在通往财富的道路上，他们所缺乏的不是资金，而是态度。我们要记住：唯有埋头，才能出头。抛开身份的顾虑，踏踏实实地做事，成功就在前面等你。

人是社会的动物，不管你是否承认，凡有人的地方就要讲等级、分层次。

社会上不少人有这种思想障碍：千金小姐不愿意与保姆同桌吃饭，博士不愿意当基层业务员，高级主管不愿意主动去找下级职员，知识分子不愿意去做体力工作……他们给自己画地为牢、故步自封，白白损失了无数的大好机会。

其实这种“身段”只会让自己的路越走越窄，并不是说有“身段”的人就不能有得意的人生，但在非常时刻，如果还放不下“身段”，那么就会使自己无路可走。

20世纪70年代初，美国麦当劳总公司非常看好中国台湾市场，准备正式进入。他们需要在当地先培训一批高级干部，于是公开招考甄选。因为要求的标准颇高，所以很多有志的青年企业家都未能通过。

终于，经过一再挑选，一位叫韩定国的公司经理脱颖而出。到最后一轮面试，麦当劳总裁与韩定国夫妇谈了三次，并且问了他一个出人意料的问题：“如果我们要你去洗厕所，你会愿意吗？”

当时韩定国在企业界已经小有名气，要他洗厕所，岂不太侮辱人了吗？当他还在深思时，一旁的韩太太幽默地回答：“我们家的厕所一向都是他洗的！”

麦当劳总裁一听非常高兴，当场拍板录取了韩定国。麦当劳总裁认为一个成功的企业家不仅要能干大事，小事也应当干得很利索。

后来韩定国才知道，麦当劳训练员工的第一课就是从洗厕所开始，因为服务业的基本理念是“非以役人，乃役于人”，只有先从卑微的工作开始做起，才有可能了解“以客为尊”的道理。

本来，洗厕所只是麦当劳一项正常的员工培训，不分种族肤色，在世界范围内通行。但是韩定国一开始难以接受，把它严重化，上升到了“折辱”的境地。其实，吃喝拉撒睡是人的本能，做些清洁善后的工作也是应尽的责任，一个人的层次，并不是由做不做这些小事来界定的。

穷人要成功、要赚钱，首先要从清理思想、改变观念开始。如果本是穷人还要“穷摆谱”，那么机会是不会主动光顾他的。而能放下身段的人，他的思想富有弹性，不仅不会有刻板观念，还能吸收各种信息，从而形成一个庞大多样的信息库，这将是他的本钱。

生意场上的事，看大而未必大，似小而未必小，小窟窿里能挖出大螃蟹，穷乡僻壤也能开出大市场。有人说得好：怕的不是“小”，而是不去找。如果仅仅是不会找，通过学习还可以解决，但如果是不去找，不愿去找，就恐怕是好高骛远在作怪了。越想赚大钱，就越要在一开始将自己放在低处。没有身份顾虑的人，在做小事的过程中，往往可以看到别人看不到的机会。

“先做小事，先赚小钱”最大的好处是可以在低风险的情况下积累工作经验，同时也可以借此了解自己的能力。当你做小事变得得心应手时，就可以做大一点的事。赚小钱既然没问题，那么赚大钱也就不会太难。何况小钱赚久了，也可累积成“大钱”。

此外，“先做小事，先赚小钱”还可以培养自己踏实的做事态度和正确的金钱观念，这对日后“做大事，赚大钱”以及一生的发展都有莫大的助益。

在自己熟悉的行业内发展，更容易生财

> 尽管社会生活中的各行各业是紧密联系在一起的，但是每个行业之间存在着许多你看得见与看不见的隔阂和区别，每个行业都有其自身的经营之道。所以做生意要尽可能选择自己比较熟悉的行业，而不是盲目地跳入你感觉上混沌一片的“海域”。

穷人创业，应当受到鼓励，但我们必须明白，每个人的能力有限，那种看到什么热点都想尝试一下的做法肯定行不通。很多年轻气盛的商人，对自己眼热的行当不是朝三暮四、弃旧从新，就是吃着碗里的，看着锅里的，什么好做，就往自己的店里揽什么，旧的也不去，新的不断来，规模越来越大，自己的特色却没有了，这就叫作四面出击，主线不明。这恐怕是某些小有成就的商人的通病。他们好高骛远，总认为自己是生意场上的老手了，没有什么生意不能做，没有什么生意做不成功。

“隔行如隔山”，尽管社会生活中的各行各业是紧密地联系在一起的，但是每个行业之间存在着许多你看得见与看不见的隔阂和区别，每个行业都有其自身的经营之道。所以无论你是久经商场，还是初出茅庐，如果你这次创业要涉足一个你自己并不熟悉的领域，一定要慎之又慎，绝对不能盲目从事。

香港风险投资公司汇亚集团董事兼常务副总裁王干芝说：

“王传福是我见到少有的非常专注的人，他大学学的是电池，研究生学电池，工作做的还是电池。”可见，王传福对电池以及电池领域是再熟悉不过了，也正因为如此，王传福才取得了成功。

从不名一文的农家子弟到身价亿万的比亚迪公司总裁；从26岁的国家级高级工程师、副教授到享誉全球的“电池大王”；从上马锂电池项目摧垮包括东芝、松下、索尼等巨头在内的电池业“日本军团”，到选择香港H股上市乃至力排众议入主秦川汽车实现“电动汽车之梦”——王传福在自己熟悉的领域可谓是大展拳脚，表现了“舍我其谁”的独到眼光和执着精神。

所以做生意要尽可能选择自己比较熟悉的行业，而不是盲目地跳入你感觉上混沌一片的“海域”。选择你熟悉的行业，能够更快、更好地拥有更多的信息，知道什么商品有市场、有前途，知道不同产品的优势及消费者的要求是什么，知道市场的发展方向，做出正确的判断与决策。这就叫作驾轻就熟，得心应手。

对刚开始创业的穷人来说，效用最明显的首推职业资源。所谓职业资源，指的是创业者在创业之前，为他人工作时所建立的各种资源，主要包括项目资源、技术资源、人际资源等。充分利用职业资源，从职业资源入手开始创业，符合创业活动“不熟不做”的原则。

为了更好地积累自己的职业资源，推销员的工作是一个不错的选择。一方面推销工作如果能做好，可以获得一般工作岗位难以企及的高报酬，可以为你的创业积累资本；另一方面通过推销工作，你不但可以熟悉市场、正确判断投资方向，还可以直接掌握客户资源。创业以后作为一个经营者，你不仅要向内（管理），更要向外拓宽业务，而你拥有推销工作的历练，就可以为此做好准备。

每个人的情况都不一样，如果你是个厨师，你可以向饮食业发展；如果你是个医生，你可以出来开个诊所；如果你是搞科研的，你可以开发出一个有市场的新产品；如果你继承了一栋房屋，你可以把它租出去，这样既可以不费心又有固定的收入，以后也可涉足房地产生意，以增加每月的固定收入。

总之，与你的职业、兴趣、爱好、家庭环境、社会环境相适应、相关联的生意更容易起步，也更容易成功。

坚持双赢，是致富的重要原则

> 富人能创富，是因为他们能着眼于长远，在对待盟友和竞争对手时善于处理好眼前利益和长远利益的关系，不是四面出击，而是广交朋友，周密考虑，谨慎从事。不吃“全鱼”不仅是经商之道，更是一种睿智的财富观。

在商人看来，人生犹如战场，但不是战场。战场上的敌对双方不消灭对方就会被对方消灭，但人生的赛场并非如此。现代社会充满竞争，这种竞争是使社会进步的动力，而不是毁灭社会的武器。所有竞争的结果不可能使任何一方成为自然和社会某一方面的统治者，更多的则是消耗难以计数的人力和财力，最终谁也不可能成为赢家。

在商业社会中，做生意总要有伙伴、有帮手、有朋友。你照顾了别人的利益，实际上也就是照顾了自己的利益。有经验的商人都知道，做生意当然要好好计算以使自己能获得最大的收益，但无论怎么算，一定要算得对方也能赚钱，不能叫他亏本。算得他亏了本，下次他就不敢再同你打交道了，所以生意人绝对不能精明过头。如果说商人的真理是赚钱，那么精明过头，这个真理就会变成谬论。你到处叫人家吃亏，就会到处都是你的冤家；你到处打碎别人的饭碗，最后必然也会把自己的饭碗打碎。所以如今一些成功的商人，为人都非常大度，在对待盟友时将眼前利益和长远利益的关系处理得十分妥善。

张果喜，江西果喜实业集团公司董事长兼总经理。1979年开始生产出口日本的佛龛，占据了日本大部分佛龛市场，并在加拿大、德国、韩国、泰国和中国香港等地开辟了经销处和办事处，产品共5大类2000余种，个人资产达数亿元。

张果喜在日本取得了一定的市场份额以后，就与日商建立了稳固的代理关系，约定全部佛龛产品都由日商代理经销。不久，新情况出现了，随着张果喜生产的佛龛在日本市场的畅销，一些颇具眼光的日本商人看到销售这种佛龛有利可图，为

了降低进货成本，就想走捷径，绕过代理商直接从张果喜那里进货。

从眼前的利益看，销售商直接订货，减少了中间环节，厂方确实可以多得一些钱，捞到实惠。但从长远利益考虑，接受直接订货，就意味着将失去以往花费很大力气开辟的销售渠道，甚至使这些销售渠道背离自己，走到自己的对立面，这无疑是得不偿失。张果喜没有同意。

后来日本代理商知道此事后，非常感动，不仅增强了对张果喜的信任，而且在推销宣传方面下了不少功夫。向来不轻易买账的日本代理商这次果断地打出了张果喜是“天下木雕第一家”的招牌，从而使张果喜的产品在日本市场越来越稳定。

人无远虑，必有近忧。张果喜清醒地看到，生产佛龛利润丰厚，除了他的果喜集团公司，韩国与中国台湾地区制作的产品也有一定的渗透力，更不用说在日本当地还有成千上万的同类型中小企业了。如果照以前那样，单靠原有的销售网络和一两个合资的株式会社，与强大的竞争对手抗衡，只能处于劣势而被人家踩在脚底下。

权衡利弊，张果喜决定扩大“同盟军”，首先把一些原先的对立派拉到自己这边，为了慎重起见，张果喜与他的智囊团成员对此细细地做了分析研究，选择了分散在日本各地的有代表性的一些中小型企业。经过多方协调，终于在1991年成立了“日本佛龛经销协会”，专门负责经销果喜集团的漆器雕刻品。这种方式变消极竞争为积极合作，效果立竿见影，当年张果喜在日本佛龛市场的份额占到了六成，取得了更大的市场主动权。

这就是张果喜的连横合纵，其真谛在于周密思考，权衡利弊，摆脱眼前利益和一己之利的束缚，开阔视野，与盟友和竞争对手共同发展，最终才能稳住阵地。

不吃“全鱼”不仅是经商之道，更是一种睿智的财富观。有个大富豪曾经说过：“财富如水，如果是一杯水，你可以独自享用；如果是一桶水，你可以存放在家里；但如果是一条河，你就要学会与人分享。”不同的财富观决定不同的人生。

双赢理念的目的是在人与人的关联中赢得更好的结果，它不逃避现实，也不拒绝竞争，而是以理智的态度求得共同的利益。现代社会的发展已经使人们意识到独占利益的结果是一无所有，得到的只能是比以前更坏的境遇。双赢则有可能改变这种境况：使双方从对抗到合作，从无序到有序，从短暂的存在到永久的矗立。

第03章

从“0”到“1”是一种突破：量变到质变需要积累

有人说，从0到1的距离，大于从1到1000的距离。乍一看不容易理解，仔细寻味方能体会其中的奥妙。财富有着奇特的内在规律，不得其门而入，就只能徘徊在“0~1”之间的痛苦地带。而“1”则代表着一个人已经完成了从无到有的质的飞跃，无论是从思想观念还是做事的方法上都已迈向准富人的轨道，以后只是一个积累的过程，相对容易得多。所以想要致富，能不能完成第一桶金的突破，是关键因素之一。

始终坚信，你可以是富人

在现代社会中，金钱除了是我们每个人生活的必需品，还代表着自由、保障、信心、尊严等附加意义。所以对金钱保持强烈的欲望是一件再正常不过的事情，事实上，世界上许多大富豪都是热爱金钱，并以赚钱为快乐的人，你不必强求自己也能达到像他们那样的高度，但是可以学习他们的观念，大大方方地追求财富。

自古以来，中国人都不喜欢光明正大地说爱钱，仿佛“铜臭”是“书香”和一切美德的对立面。其实认为贫穷等于高尚的思想观念，是受大环境所限，是人们无法走向富足的一种安慰剂，随着时代的发展这种观念已经失去了它存在的价值。

往大了说，社会的和平和幸福，唯有经财富的创造和经济的繁荣才能达成，一个贫穷的社会绝无和平幸福可言。消灭贫穷和创造幸福，是我们现代社会中每一个人都责无旁贷的义务。仅就个人而论，一个人活着，要吃饭，要穿衣服，要受教育，还要娱乐，钱一日不可或缺。在现实中，金钱不只是流通的工具，还代表着自由和保障。现代人常会说压力大，表面上看是紧张的生活节奏所致，深层的原因却是来自我们对未来生活的不确定和不自信。如果你的命运必须由别的人、别的机构来决定，那么压力就会一直考验你的承受能力。

当然在这个世界上，穷人和富人都无可避免地要受到压力的困扰，不同层次的竞争有不同程度的压力。但是我们应该看到，那些还没有建立起自己的金钱保障体系的人，每天除了要面对纷繁的人事纠葛外，还要承担衣食住行的考验，生活对于他们的重压将更漫长、更无奈。

美国“钢铁大王”卡内基先生曾经说过：“贫穷是无能的表现。”假如你真的想要赚大钱，第一步就是要改变思想，尤其是思想中对金钱的负面联想必须先消除。建立对金钱的正面联想，是每一个有钱人都做得到的事。当你有了和他们一样的思想，才会有和他们一样的结果。

我国清代的红顶商人胡雪岩能由一个钱庄的小伙计起步，积累起富可敌国的财富，这与他对金钱、对从商的态度是密不可分的。当年曾受过胡雪岩接济的落魄书生王有龄在官场出头后，多次让胡雪岩捐官，有意要提携他，为他谋一个大好前程来。但是胡雪岩的想法却是贴近现实的，他以发财为第一，直言自己喜欢钱多，而且越多越好！有了钱然后做出一番大事业来，是世上最痛快的一件事。

胡雪岩的人生理想，就是赚大钱、做大事，然后完全按照自己的意愿生活，今天我们不去考究他思想境界的高低，只想说明他这种对金钱的强烈愿望，在客观上为他树立了一个明确的方向，使他义无反顾地走向了经商之道，白手起家，创建起

自己的财富王国。

人喜欢与愿意接受他的人在一起，钱也是一样，你不断地想它不好、排斥它，它就不会来找你。如果你热爱钱，也非常珍惜钱，就能保留自己已获取的财富，通过正确的理财方式，自然会成功致富。

在具体的操作过程中——也就是说在赚钱的道路上你还要继续保持这种心态：把赚钱当成一件快乐的事。

有钱人这样形容自己：在赚钱的时候你就进入了一个游戏的世界，作为游戏的参与者，你要不停地和对手进行较量和角逐。你要采用一切办法和手段来战胜其他的人，你要超越所有的人才可以赢得最后的胜利。

著名的金融家摩根就有这样的赚钱观念，即决不让赚钱变成一种沉重的负担，而是让它成为一种新鲜刺激的游戏。他认为只有以这种游戏的心态去赚取金钱，才是最佳的赚钱心态。

摩根对于赚钱甚至达到痴迷的程度。他一直有一个习惯，每当黄昏的时候，他就到小报摊上买一份载有股市收盘的晚报回家阅读，当他的朋友都在忙着娱乐的时候，他则说：“有些人热衷于研究棒球或者足球，我却喜欢研究怎么赚钱。”

摩根喜欢的是本身就充满了乐趣的赚钱过程，那种一次次投入资金，又一次次地通过自己的智慧把钱赚回来的感觉，虽然充满了风险和艰辛，但是也颇为刺激，使他每天都以崭新的面貌对待生活。

在现实生活中，你不必强求自己也像摩根那样对金钱感兴趣，但是可以学习他的观念，我们一定要明白，为了让我们的生活更加美好，追求财富是每个人最基础的权利之一，随着财富的积累，我们便可以逐步实现生存、保障、自我实现等一层比一层更高的需要。

始终记住：命运掌握在自己手中

> 很多人的理想往往是努力工作，多挣钱，提高生活水平，于是他们一天天按部就班地走下去，但是终其一生，也只有量的积累，而无质的飞跃；富人却不会甘心一生只在固定的圈子里、按固定的模式生活，所以他们会走得更远，获得更多。

穷人受穷总是有各种各样的理由，但是每个人都要知道，谁也没有理由贫穷。时代给人们提供了过上好日子的良机，可以说这是一个天高任鸟飞的时代，只要你憎恨贫穷、渴望富有，并且为之付出了努力，那么你就有机会成为富人。

穷人变成富人，是一个质的转变。它不仅仅代表着金钱的多少，更代表着对穷与富的理解和认识。如果我们说一些人之所以没有致富是因为他们甘心贫穷，相信马上就会有人站出来反驳这个观点：在这个世界上有谁不愿意富起来呢？事实恰恰是许多人在不知不觉中，就把自己划入了贫穷的阵营里。比如在一个葡萄园里，有许多工人在为农场主摘葡萄，这里面有的人懒惰，有的人勤奋。懒惰的人自然是得过且过，只要还能吃饱，晚上还有睡觉的地方，他们对多摘两筐或少摘两筐并不在乎；勤奋的人则不同，他们的目的很明确：多摘葡萄多挣钱，让自己和家人生活得更好一些。表面看来，后者的想法很负责任，应当被赞扬，可是有一个更重要的问题却被他们忽略了：我有没有可能通过奋斗，也拥有一座自己的葡萄园呢？

如果我们仅仅把眼光放在如何改变目前的生活上，那么我们就容易犯短视的错误，忘记了自己还可以走得更远，获得更多美好的东西。财富、地位、成功和快乐不是只为某些人准备的，穷人和富人之间也没有不可逾越的距离。

在现实中，许多穷人正是被富人的成功吓倒了。一般来说，穷人总是生活在穷人的圈子里，即使能在一些公共场合或者商务酒会中见到富人，也都是远远仰视。富人们一个个威严尊贵，谈吐不凡，使穷人们感受到一种深刻的震撼。他们会以为自己与富人的距离判若云泥，永远也达不到他们那种高度。如果不能战胜这种畏惧心理，穷人就永远无法踏上向上的台阶。

当一个人处于贫穷的时候，改变就是出路，为了进步得更快，改变得更彻底，我们首先应该相信贫富本无种，命运是由自己创造的。

如今波司登是我们极为熟悉的一个羽绒服品牌，也是极具国际竞争力的中国品牌之一，但是40多年前，波司登的总裁高德康只是江苏省常熟市农村一个毫不起眼的年轻人。

因为不甘忍受贫穷落后，在20世纪70年代末，高德康和11位农民一起成立了缝纫机组，给别人做一些“来料加工”式的活计来赚钱，最大的客户是上海的一家小企业。

上海距常熟有200千米，高德康每天的工作就是骑着自行车，风雨无阻地在这条路上奔波。取布料、送成品，一天又一天，一趟又一趟，其中的艰辛只有他自己知道。到了1983年，高德康的自行车换成了摩托车。过去骑自行车一天只能跑一个来回，现在可以一天两次往返于上海与常熟之间。加工的成品多了，他们小作坊的收入也逐步增加，但是如果高德康以比上不足、比下有余的小康为满足，那么也就没有后来的波司登了。

高德康是个“不安分”的人，他在为上海飞达厂做“贴牌”时，就敏锐地发现了羽绒服行业的巨大商机。他一边继续做着来料加工的生意，一边潜心研究羽绒服市场的未来走势。到了20世纪80年代末期，高德康已经掌握了从生产到加工制作羽绒服的一整套成熟技术，并且决定向自己的梦想进军。

对高德康来说，1992年是他创业历史上一个最重要的转折点。在这一年，高德康终于不甘再为“他人做嫁衣”，注册了波司登商标，迈出了打造品牌羽绒服的第一步。两年后，波司登羽绒服正式面市销售，高德康终于创造了自主品牌，参与市场竞争。到了1995年，波司登以68万件的销售量登上了同行业全国销量第一的宝座，从此声名鹊起。

高德康能成为真正的富人，主要是因为他具备富人的思维方式，不断地开拓新的领域，这是他前进的目标和动力。穷人往往因为已经熟悉了旧的生存环境和生活方式，就一天天按部就班地走下去，即使收获有限，他们也会误以为是由于自己不够勤奋所致。于是他们更加努力地改变生活，终其一生，也只有量的积累，而无质的飞跃。

穷人认命，富人改命，这就是区别。

最难的是从“0”到“1”这一开始的过程

很多穷人缺乏把握命运的主动性，大部分时间都在浑浑噩噩地混日子，以微薄的薪水维持着日复一日的基本生活，从“0”开始，又以“0”结束。而“1”则代表着一种从无到有、从落后到进取的突破，穷人们接受挑战并有了第一次收获之后，生命就会进入一个新的境界。

如果把“0”比喻为穷人，那么“1”就是已经在创富的道路上取得了初步的成功，拥有了事业基础的人。“10”代表着“1”的财富基数的增长，可以算是站在某一行业顶点的风云人物。从“0”到“1”的数字距离虽短，却是一种从无到有的质的突破。

我们发现几乎所有的财富巨子都对自己的原始积累感触颇深，认为那是自己人生最难忘的岁月。美国的石油大王保罗·盖蒂说："多数富豪对自己的财产毫不关心，但对挣到第一桶金的感觉却难以忘怀。"这"第一桶金"可大可小，意义却非比寻常。掘金成功代表着一个人的创富能力得到了现实的检验，从此他的思维方式、胆识和眼光都与从前大不相同，信心足，干劲大，做什么都会顺手，从发小财到发大财也变成顺理成章的事儿。所以说从"1"到"10"只是量变，是一个逐渐积累的过程，而从"0"到"1"却飞跃了"无"与"有"、"穷"与"富"的壕沟，属于质的改变，相对就困难得多了。人们常说万事开头难，对于一个还没有找到自己的事业轨道的穷人来说，可能在无目的、无意识的奔忙中，半辈子的光阴就已经过去了。

古人云"穷则思变"，这里的"穷"有穷途末路的意思，实在走不下去的时候，你就不得不发奋图强以改变现状。反观现在社会上某些庸庸碌碌的穷人，主要是因为对危机和压力认识不够，没有改变现状的意识，哪来改变的动力？今天我们虽然把穷人比喻为"0"，但相信这里面没有那种绝对意义上的赤贫，吃饱穿暖对每个人来说都不是问题。人都是有惰性的，只要日子还能维持下去，就很难有投入到一个陌生的、前程未卜的新领域的决心。因为害怕更坏，所以永远也没有更好。微薄的薪水维持着日复一日的基本生活，从"0"开始，又以"0"结束。

人不能成为习惯的俘虏。每个渴望成功的人，都要趁自己还没定型，还有激情和锐气的时候，及时地改变一下，看看自己到底有多大的能量。一旦你创业成功，就会进入人生的一个新境界。

当然，并不是每个人的事业都能一帆风顺。但是我们可以这样想，如果不主动去寻求突破，你将永远被困于命运的底层，毕生也领略不了成功的滋味。而已经建立起自己基业的人，尽管还要面临新的风险和诱惑，但那已经是一种更高层次的成败。你要知道，曾经创业成功的人，失败后或许会负债累累，变成比穷人还穷的人，但是他要重新变富，比我们这些普通人还是要快得多。

为什么呢？因为他有赚钱的方法和渠道，有失败和成功的经验，并培养、具备了赚钱的素质和一些社会关系，而这些东西恰恰是没有创业经历的普通人身上不具备的。所以他就是失败了，变得比你还穷，如果想要翻身，成功的速度还是比你快，因为你的不成功是在慢车道上，而他的失败还是在快车道里。

人说“落架的凤凰不如鸡”，这句话充满了穷人式的嫉妒。凤凰最初也只是一只平凡的鸟儿，可当它习惯了飞翔，见识了人间的高山、大河之后，就等于已经完成了从“0”到“1”、从量到质的突破，即使一切重新开始，也和屋檐下的鸡不是一个档次。

做事易、起步难，穷人如果不想做环境的奴隶，就应该充分挖掘出自己生命深处的潜力以接受挑战，当你有了第一次的收获之后，命运的格局就会大得多。

想要改变现状，先改变你自己

> 穷人本身对外在的环境就有一种自己被排斥在外的感觉，于是很多人就把自己的贫困归咎于外部环境。这时候我们首先要明确的问题应该是：既然我们对环境的影响力是极为有限的，那么唯一的出路就是改变自己，首先是适应环境，然后再考虑驾驭环境。

关于人与环境的关系，最能说明问题的一句话是：物竞天择，适者生存。适应指的是一个人对外在环境的顺应，其实就是人与生存环境之间的一种互动关系，一个人适应外在环境的能力直接影响到他本人的生存状况，越是适应环境的人生活得越好。

很多人把自己的贫困归罪于外部环境。可能外部的环境在一定程度上是加重了我们的贫困，可是你能改变环境吗？你的地位决定了你对环境的影响力是非常有限的，那么你就只有首先改变自己，来适应目前的环境。这与你本身愿意或不愿意无关，愿意的人命运领着你走，不愿意的人命运推着你走。

威廉·怀拉是美国一位享有盛名的职业棒球明星，40岁时因体力不济而告别体坛另找出路。他心想，凭自己的知名度去保险公司应聘推销员应该不会有什么问题。

可结果却出乎意料，人事部经理拒绝道：“怀拉先生，吃保险这碗饭必须时刻做到笑容可掬，但您做不到，所以无法录用您。”

面对冷遇，怀拉的热情丝毫未受影响，而是下决心从头开始苦练笑脸。

由于怀拉天天要在客厅里放开声音笑上几百次，邻居甚至对他产生了误解：失业对他刺激太大，以至于发起神经来了。为此，他只好把自己关进厕所里进行练习。

一次，他在路上遇见一个熟人，非常自然地与他笑着打招呼。对方惊叹道：“怀拉先生，一段时日不见，您的变化真大，和以前相比真是判若两人！”听完熟人的评论，怀拉充满信心地再次去拜见经理，笑得很开心。

“您的笑是有点意思了。”经理指出，“然而还不是真正发自内心的那一种。”

他仍旧不气馁，再接再厉，最后终于如愿以偿，被保险公司录用。

这位昔日棒球明星严峻、冷漠的脸庞上，终于绽放出发自内心的婴儿般的笑容，它是那样的天真无邪、讨人喜欢，令顾客无法抗拒。怀拉就是靠这张并非天生而是苦练出来的笑脸，成了全美推销寿险的高手，年收入突破百万美元。

适应环境不仅仅是对环境的妥协，对于穷人，这是在自己力量还很弱小时的一种生存智慧。当我们对现实有了明确的认识之后，要懂得哪些事情应当马上提上日程，哪些梦想还应当藏在心里。路是一步步走的，你不能从一开始就期望摆在眼前的是一个随心所欲的乐园。每个人身上都有着未被开发出来的潜力，是人才就不应该只被界定在一个小范围内。当我们改变不了环境的时候，可以先改变自己，然后那看似陌生的、冰冷的环境就会慢慢接纳你，命运也会开始对你露出笑脸。

在英国威斯敏斯特教堂地下室的墓碑林里，有一座墓碑上写着这样的一段话：

当我年轻自由的时候，我的想象力没有任何局限，我梦想改变这个世界。

当我逐渐成熟明智的时候，我发现这个世界是不可能改变的，于是我将眼光放得短浅一些，那就只改变我的国家吧！

但是我的国家似乎也是我无法改变的。

当我到了迟暮之年，抱着最后一丝努力的希望，我决定只改变我的家庭、我亲近的人——但是，唉！他们根本不接受改变。

现在在我临终之际，我才突然意识到：如果起初我只改变自己，接着我就可以依次改变我的家人，然后在他们的激发和鼓励下，也许就能改变我的国家。再接下来，谁又知道呢，也许我连整个世界都可以改变。

这是劝世的箴言，是人类在无数次碰壁之后的智慧结晶。你可以胸怀大志，以影响环境、改变环境为己任，但别忘了最重要的是先改变自己——做强自己，当你的力量足够大、积累的财富足够多的时候，环境的问题对你已不是问题。

你我皆平凡，如何获得财富

> 与那些高强度、低收入的体力劳动相比，以知识立世、用头脑赚钱无疑已是一种飞跃，但其实这还称不上是最具效率的致富武器。富人的赚钱资本里，甚至包括了对资金、技术和人才的整合，运作得好，财富可以以几何级数增长。

不管你是否承认，人和人之间都是有差别的，仅就每个人的生存方式和赚钱方法来说，也是八仙过海，各显神通。其中最原始的方式，就是手脚磨出老茧，纯粹以体力赚钱。这些人几乎每个都做得很勤苦、很努力，但是收入却极为有限。于是一部分人开始觉醒，期望可以找到新的生存途径。

过去是“学而优则仕”，今天是“学而优则富”，通过教育改变命运确实是一种安全而平稳的通途。

如今正是“知本”的时代，随着一批科技富豪的诞生，以知识赢得金钱和地位已不再是梦想。如今，一批包括学者、高级白领和专业技术人员在内的专业人士，正是社会的宠儿。

然而，以知识立世、用头脑赚钱，还称不上是最具效率的致富武器。现代社会中，白领虽然有白领的优越，但白领也有白领的苦恼，比以知识赚钱具有更多自主性和更大发展空间的，是用资本创造财富。

我们这里所说的资本不仅仅是指金钱，它还包括了对人才和技术的整合利用，掌控拥有知识的人，比直接掌握知识更具实效。

第一次世界大战期间，芝加哥一家报纸在一篇社论中称汽车大王亨利·福特是“一个无知的和平主义者”。福特先生不满这种指责，于是向法院控告这家报纸毁谤他的名誉。当法院审理这个案子时，这家报纸的律师要求福特先生也坐上证人席，以便向陪审团证明福特先生确实无知。这位律师问了福特先生很多问题，企图证明：福特先生虽然拥有许多关于汽车制造的专业知识，但总的来说，却是一个很无知的人。福特先生被问的问题很多，范围也很广泛，如“班尼迪特·阿诺德是何许人？”“1776年英国派了多少士兵前往美洲镇压叛乱？”……

福特先生对这种问题感到很厌烦，在回答一个特别具有攻击性的问题时，他向前倾身，用手指着向他提问题的律师说：“如果我真的想回答你刚刚提出的这个愚蠢的问题，我的办公桌上有一排按钮，只要我按一下，马上就会有人来回答你。请问我身边既然有那么多专家能够把我需要的任何知识提供给我，为什么我还要在脑子中塞进那么多的一般知识？”这种回答当然是合乎逻辑的，这个答案也使这位报纸的律师哑口无言。

福特先生没有“知本”，但是有无数拥有“知本”的人在为他打工，他的资本优势就体现在这里。无论在什么样的社会条件下，富人都不是靠自身的体力和脑力资源来赚钱，而是

靠他们掌握的众多资源：财力、物力、人力等为他赚钱。从交易的角度看，不管蓝领、白领，都是把自己的劳动力卖给了老板，进行了一次交易。而老板呢？他要从上游购买原材料，这是交易；要把生产出来的产品销售出去，这也是交易；要建厂房，使用货币购买钢筋水泥；要用水、电、煤，也要交易；要雇用员工，这还是交易。可见对老板来说，简单的经营包含着众多的交易，其数额和次数，不知比员工多多少。从现代经济学的理论看，交易才能升值，才能创造财富，才能获得利润。正因为有了这些交易，老板的收益才远远超过打工者。

当然，以上我们只是普遍而论，具体到每一个人，还是可以有多方面的选择。如果你认为自己学习能力是长项而差在资本运作，那么以知识赚钱也是一种不错的人生规划；如果你有志于自主创业、以钱赚钱，那么对自己某一项专业知识的水准也不必苛求，拥有“知本”的人，完全可以成为你“资本”的一部分。关键是要认清不同的赚钱方式，这样才能更准确地寻找到自己的坐标和未来的方向，不至于等机会到来时还无动于衷。

第 04 章

擦亮眼睛：也许你身边隐藏着很多致富机会

有些穷人会认为富人致富是碰到了好机遇，是上天的赐予。其实机会是一个悬在半空的金苹果，你不跳起来去摘，它也不可能正好落下来砸在你的身上。面对生活中出现的种种契机，你应该努力往前站，每一次迈出的小小一步，加起来就是你的一生，穷人与富人的分界，也正在于此。

想要致富，就不要放过任何一个可能的机遇

> 比鲁莽更糟糕的是犹豫不决。那些总是不敢做出决断的人，会平白失去很多好机会，埋没很多好想法。对我们每个人来说，心动不如马上行动，要知道，你在犹豫和观望中所浪费的时间和精力，有可能比失败后从头再来的过程还要长。

穷人要想发家致富，要靠自己长期的艰苦奋斗，侥幸成功的例子毕竟不多，从这个观点来说，我们不宜过分夸大机遇的重要性。但是有一个事实你必须要注意，那就是在同样辛勤的人群里，也有成就的高低之分。也正因为这些差异的出现，社会面貌才呈现多姿多彩的变化，因此有人这样说：机会是上帝的别名。

如果你能学会在时机来临之前就识别它，在时机溜走之前就采取行动，生活中的难题就会迎刃而解。那些曾经遭受挫折的人，面对残酷的现实总是一味沮丧，却不曾意识到，他们虽然一而再、再而三地努力，最终却总是失败，其原因就是没有选择好恰当的时机。

一个穷小子和一个富家小姐相识并相爱，但是他总觉得两

人的身份不太匹配，所以不敢过于表现自己的热情。有一天，这个年轻人很想到他的恋人家，去找他的恋人一块儿消磨下午的时光。但他又犹豫不决，不知道究竟应不应该去，害怕去了之后，或者显得太冒昧，或者他的恋人太忙，会拒绝他的邀请。他左右为难了很长时间，最后终于下定决心，坐上一辆三轮车去了。

车子停在他恋人的门前时，他又后悔了，但既然来了，只得伸手去按门铃。他只好希望来开门的人告诉他说："小姐不在家。"他按了第一下门铃，等了3分钟没有人答应，他强迫自己又按第二下，又等了2分钟，仍然没有人答应。他如释重负地想："全家都出去了。"

于是他带着轻松和失望回去了。路上他心里想：这样也好，但事实上他很难过，因为他又失去了一个与恋人相聚的机会。

你能猜到他的恋人现在在哪里吗？他的恋人就在家里，她从早晨就盼望这位先生会突然来找她，带她出去消磨下午的时光。她不知道他曾经来过，因为她家门上的电铃坏了。如果那位年轻人不是那么犹豫不决，如果他像别人有事来访一样，按电铃没有人应声，就用手拍门试试看的话，他们就会有一个非常快乐的下午了。但是他并没有下定决心，所以只好徒劳而返，让他和他的恋人都失望。

每当面临一个新的机会的时候，惊喜和恐惧会同时在你内心悄然出现。惊喜的是一个良好的机会让你看到了成功的希

望，而恐惧的则是怀疑自己的能力，担心在这个机遇面前再一次成为一个失败者。这种心理往往会阻碍你制胜的决心，让你左右摇摆，举棋不定。

要知道，在任何情况下不能信心百倍地做出决断都是一个悲剧。那些总是犹豫不决的人，世上没什么东西能帮助他们养成迅速决断的习惯。一个试图面面俱到的人，是抓不住事物的本质的。

从不轻易放过只有一次的机会，当机会来到面前时，狠狠地一把抓住，这正是许多富人的成功秘诀。

林建岳是香港一位赫赫有名的年轻企业家。在他宽敞的办公室里，奖杯陈列得到处都是，充分显示了主人不凡的经历。事实也的确如此，做了三年香港足球队领队的林建岳，该捧的奖杯全都捧到了手，甚至人们想不到的他也做到了。

昔日纵横捭阖的“球经”令他在商场上如鱼得水。他经营的丽新集团曾经以“迅雷不及掩耳”的不还价策略，高价买入旧纽约戏院的地盘而名声大振。后来又相继购入了纽约戏院对面的钻石酒家旧址等多处地盘。三年后，该黄金地段的地价早已翻了很多倍，为林建岳带来了滚滚财源，并使他有实力连出重拳。后来林氏集团又投资了亚洲电视，成为三分之一的股东……使林氏集团在社会上的知名度大增。在回顾自己的迅速发迹史时，林建岳说：“纽约戏院的地皮不会有第二块，电视台也不会时时都有的卖，必须把握这只有一次的机会。”

在现实中，机遇和挑战总是一起来的，有些人战战兢兢，不知何去何从；也有些人心存破釜沉舟之想，打定主意后便全身心投入，由于急着应付眼前重重的险阻，反倒能激发出生命里的潜力。面对不可知的未来，那些比别人果断，比别人快的人，往往更能掌握先机。

错失机会是因为你缺乏准备

那些总是被机遇青睐的人并非天生的幸运儿，而是他们对成功有更强烈的渴望，有更主动的精神。面对生活中出现的种种契机，你应该努力往前站，每一次迈出的小小一步，加起来就是你的一生。穷人与富人的分界也正在于此。

在社会上，穷人是微不足道的小人物，谦恭退让是他们最基本的生存法则。但值得注意的是，这种“好性格”也有其不利的一面，那就是他们在机遇面前表现得不够积极主动，该抓住的机遇抓不着，只能一次次地与成功失之交臂。

一些穷人最常有的感叹是：如果当初我怎样怎样，现在一定早有了如何如何的成就。他们总是为失败找借口——大好的财源是被人横刀抢走的，好职位也总是被他人捷足先登。而那些保持头脑清醒的人则没有这种想法，他们总是在睁大眼睛寻找机会，并善于抓住哪怕是一个极其微小的机会，从而让自己

登上成功的舞台。

美国百货业巨子约翰·甘布士认为，机遇无处不在，有时也许只存在万分之一的可能，但是毕竟它存在着。只要用锲而不舍的毅力去争取，就一定能有所收获。

他的座右铭是："不放弃任何一个哪怕只有万分之一可能的机会。"甘布士这种充满进取心的性格，即使在日常生活中也表现得极为突出。

有一次，甘布士要乘火车到纽约去商谈一笔生意，由于事起匆忙，所以没有预先订票。因此甘布士的夫人就打电话到车站询问是否还可以买到当日前往纽约的车票。

由于当时正值圣诞前夕，去纽约度假的人非常多，车票早早地就被抢购一空了。所以车站的答复显然是没有车票了。但是车站最后强调了一点，说如果有急事一定要走的话，可以到车站来碰碰运气，看看是否有人临时退票，不过这个可能性很小，因为在过节，一般很少有人临时退票。

甘布士夫人沮丧地放下电话，向甘布士转述了车站的答复，她认为今天肯定不能走了，只有等下一趟火车。

谁知甘布士依然不慌不忙地收拾好行李，然后提着皮箱向门口走去。甘布士夫人连忙拦住他问："约翰，现在不是已经买不到票了吗？你还去车站干什么？"

甘布士回答道："不是还有退票的可能吗？"

"可是这种可能性很小，只有万分之一啊。"

"我就是想去抓住这万分之一的机会，祝我好运吧！"说完，甘布士戴上帽子，顶着风雪朝车站走去。

到了车站，甘布士站在月台上等了很久，仍是没有一个退票的人，他非但没有着急，反而耐心地等着，同时还利用这个时间仔细考虑即将谈判的那笔生意的各个细节。

大约离开车还有5分钟的时候，一个女人急匆匆跑来，因为她家里有突发事件，所以她不得不将票退掉，改坐第二班的车。

于是甘布士掏钱买下了那张车票，及时地赶到了纽约。在纽约的酒店中，他打电话给他的妻子："亲爱的，现在我已经躺在纽约酒店舒适的床上。我抓住了你所认为的只有万分之一的机会。"

当代伟大的篮球巨星迈克尔·乔丹说过一句话："我不相信被动会有收获，凡事一定要主动出击。"可是大多数人都是被动的，如果一个人能主动出击，他就能掌控整个局面。因为只有进攻，才会有成功的机会，如果你躲在家里不出门，你的机会一定会减少。

我们可以肯定地说，所谓"错过机会"，根源主要还在自己身上。你可以这样问自己：对于机遇，我是否具有强烈的愿望去抓住它并且为之付出了应有的努力？

对于机遇，对于成功，人们总有各种各样的说法。然而，不能否认的是，有些时候，机遇在一些人面前确实是平等的。只是当机遇突然出现在面前时，有人迟疑了、犹豫了，结果只能与之擦肩而过；而有的人却能主动上前，大胆追求，于是便

赢得了机遇的倾心，你可以说这是偶然，但你又怎能说这不是必然呢？千万不要轻视那小小的一步，就是它，可能会改变你的一生。

那年，林飞受聘于一家地产公司。培训结业的那天，公司老总也来了。

进行了一番热情洋溢的讲话后，老总转身从公文包里拿出一沓文件问："有谁愿意帮我整理一下这些资料？"

其实，林飞是很想试一试的，但看看四周大家都是沉默的，他不禁又有些犹豫，最终也没敢站出来。

老总停了停，见无人敢应答，于是笑了笑，用手指向窗外那高楼林立的开发区道："二十年前这里曾是一片蛮荒，在管委会的一次会议上，主任就曾这般问过：'在国家没有一分钱投入的情况下，谁有勇气站出来开发那片荒地？'有一个年轻人犹豫了很久，最后终于鼓起勇气站了起来。经过一番努力，十年后的今天，这里变成了现在这般繁荣的景象。"

虽然老总始终没说那个年轻人是谁，但林飞潜意识里明白那个年轻人就是老总自己。

假如错过了这次机会，自己很可能将碌碌无为地度过一生。想到这儿，林飞猛地站起来说："我愿意！"

老总什么也没说，只是笑着点了点头。在以后的日子里，林飞发现上司经常给自己安排比别人多很多的工作，其中也不乏一些重要的公司机密。

不久林飞他就得到了晋升。转眼十年过去，他已经有了自己的实业公司，并创下了惊人的业绩，他本人也成为了商界的一颗璀璨明星。

有些人很想有所成就，很想获得成功，但他们就束手坐在那里等奇迹，然而奇迹并不是光凭等待就会来的。

机会不会主动找到你，你必须不断又醒目地亮出你自己的优势，让别人发现你，进而才能让他们赏识和信任你，因此你必须勇于尝试，一次次地去叩响机会的大门，总有一扇会为你打开。

你要的致富机会，其实就藏在你身边

> 在这个多变的社会里，真正的危险不是经验的缺乏，而在于认识不到变化。当一些事物已经发生改变的时候，切记不要再按照原来的规则做事，否则一定会因为忽视游戏规则的变化而使自己的财富白白流失。

穷人要致富，必须向已经成功的富人学习，这本是毋庸置疑的。而我们所要把握的，应该是学什么的问题。有人亦步亦趋，踩着富人的脚印走，人家关注哪个领域，他就马上跑到哪里掘金；人家做什么项目，他也马上放下手中的计划盲目跟风。这样做的结果，往往是竹篮打水，虽然也忙得够呛，却总也看不到收获。

向富人学习，主要是学习他们的人生主张和做事方式，可以模仿，但要懂得变化。在现在这个多变的社会里，真正的危险不是经验的缺乏，而在于认识不到变化。

成功的人生首先是一种自我经营，当我们一旦发现对自己的定位与现实不合拍的时候，调整步调才是最明智的选择。

他是个农民，但他从小的理想就是当一名作家。为此，他一如既往地努力着，十年来坚持每天写作500字。每写完一篇，他都改了又改，精心地加工润色，然后再充满希望地寄往各地的报纸杂志。遗憾的是，尽管他很用功，但是他从来没有一篇文章得以发表，甚至连一封退稿信都没有收到过。

29岁那年，他总算收到了第一封退稿信。那是一位他多年来一直坚持投稿的刊物的编辑寄来的，信里写道："看得出你是一个很努力的青年，但我不得不遗憾地告诉你，你的知识面过于狭窄，生活经历也显得过于苍白。但我从你多年的来稿中发现，你的钢笔字越来越出色。"就是这封退稿信，点醒了他。他意识到，自己不应该对某些事过于执着。于是他毅然放弃写作，练起了钢笔书法，果然长进很快。后来，他成了有名的硬笔书法家，他的名字叫张文举。就这样，他让自己的理想转了一个弯，继而柳暗花明，走向了成功。

一个人要想成功，理想、勇气、毅力固然重要，但更重要的是懂得及时舍弃，懂得变化。因此，要不断地收集相关信息，使自己对环境发展的趋势、事业发展的方向等有更充分的了解。一个人知道得越多，就越有能力及早应变。

过去的日子一去不复返，现在的问题恰恰是未来的机会。穷人要致富，就不能把过去或者别人成功的经验直接当成灵丹妙药处处套用，不能拘泥于此走不出来。

在现实世界里，这样的例子其实比比皆是：

一百多年前，犹太人列维·施特劳斯去旧金山经商，顺便带了帆布作为帐篷制作材料出售，但是他的帆布却无人问津。在与工人接触的过程中，他了解到工人需要的不是帐篷，而是耐用的衣裤。于是，他灵机一动，把帆布交给裁缝店做了一条裤子交给一位矿工，这就是世界上第一条牛仔裤。

当一些事物已经改变的时候，切记不要再按照原来的规则做事，否则一定会因为忽视游戏规则的变化而使自己的财富白白流失，甚至丧失获得更多财富的机会，丧失更多机会成本。

被誉为上世纪经营天才的通用汽车公司总裁杰克·韦尔奇说，他一生的追求只有三个字：变！变！变！有原则有方向地变，在变化中获得发展。在这个变革的年代，最怕的就是你把自己局限于某个既定的框架里而不思改变。

现在开始寻找机遇，也许并不晚

有人的地方就会有需求，有需求就会有生意，潮流

一浪接一浪，市场是可以永远做下去的。有心寻找机遇的人，不必有资金太少、起点太低的顾虑。放开手脚去耕耘，收获是迟早的事儿。

人们习惯于把“百年”当作生命的最大计量单位，把“百年”当作一个完整的生命过程。所以人们约定俗成地默许了：人的一生只有一次年轻，只有一个梦想，只有一个起点。于是诸如“二十岁时不健康，你将永远难以拥有健康；四十岁时不富有，你一生也不会富有”之类的话，才得以像真理似的流传下来。

当“晚了，晚了”冠冕堂皇地稳坐于人类思维的高堂时，人们就没有了重新开始的欲望，有了松懈、怠惰的理由。

如今谈起创业致富，很多人都慨叹：难了，可不是前些年了，竞争太激烈了。

一个极为有趣的现象是：中国刚刚改革开放时，有些人当了老板，很快挣到了第一桶金。然后便有很多人说：晚了，要是头几年抓住机会就好了。言外之意就是，现在不行了，好生意都被人家做了。也有不信邪的，“晚了”也不怕，照做不误，结果还是有大批的成功者。于是又有人叹气：现在说什么都迟了，唉！但是不叹气的人还是有的，有些行动起来就获得了成功，这却又引发了新一轮“晚了”的慨叹。

那些感叹生意难做、项目难找的人，无非是被先行者的高科技、大手笔吓住了，自己刚起步，拿什么与人比拼？这种想法无异于画地为牢，自己束缚了自己的手脚。生意是人做的，八仙过海，各显神通，即使是超人，也不可能独霸市场。

美国的施乐公司在复印机行业拥有五百多项专利，假如一个企业要花钱买它的五百多项专利，制造出来的复印机就会比施乐贵好几倍，根本没有市场。因此施乐就用专利技术的办法来保护自己。

但是施乐复印机也有几个致命的缺点：

其一，施乐复印机一般是大型机，虽然速度、性能都很好，但是价格高达几十万、上百万，大企业也只能买得起一台。

其二，大公司里的复印机只能放在某一个固定的地方，不同楼层的人哪怕复印一张纸也要跑到那去，很不方便。

其三，如果老板要复印人员晋升名单、涨工资等保密文件，往往不愿意交给专门的部门复印，因为其保密性不好。

日本的佳能公司根据施乐存在的这几个问题，积极研究并开发设计了一款小型复印机，把价格降到施乐的十分之一、二十分之一；而且简单易用，不需要专人使用；小巧方便，每间办公室都可以有一台，老板也可以在办公室放一台，这就解决了保密问题。

就这样，施乐因为细节的原因，被佳能打败了。

日本人在小处着眼，制造出了令人信服的灵巧、高质量的产品，建立了在市场上的优势地位。“小”的精神之一是灵活，即要培养全面适应市场的能力，以细微的小差别、小改进不断满足顾客的需求。

有人的地方就会有需求，有需求就会有生意，潮流一浪接一浪，市场就可以永远做下去。是的，穷人入行晚、起点低，但这并不是说穷人就没有了致富的机会。实力是什么？有人以为实力就是钱，这句话并不确切。实力是指一切有利于自己的因素，如资金、人才、环境、天时、地利、人和等，成功与否取决于我们怎样利用自己所有的实力与对手抗衡。

大公司再大，也不可能面面俱到，顾客未必都能忍受大公司售货小姐那种缺乏人情味的服务方式，也有的人为求方便，于是就选择殷勤待客的小公司了。类似的情况到处可见，例如在经营电脑设备或机械设备的行业中，某家公司即使规模再小，倘若能做到交货快捷，及时满足顾客的需求，同样可以从强大的竞争对手那里获得相当的贸易份额。类似这样的情况，在评估市场潜力、分析竞争形势的时候，都是需要充分考虑的。

有心寻找机遇的人，不必有资金太少、起步太晚的顾虑。要知道，再坏的时机投资，也有人赚钱；再好的时机投资，也有人破产。再坏的行业，也有人成功；再好的行业，也有人失败。在创业的道路上，大有大的方针，小有小的路线；早有早的模式，晚有晚的做法。想得到就有可能做得到，所以穷人不必气馁。

找不到机会，你可以制造机会

成功不是一张现成的馅饼，端上来就可以吃。一个成功者，首先在于他从不苛求条件，而是竭力创造条件。调动一切可以利用的力量，把不可能经营成可能，这最能考验一个人的功夫。

亚历山大在打了一个胜仗之后，有人问他："假使有机会，你想不想把第二个城邑攻下？""什么？"他怒吼起来，"假使？我要自己制造机会！"

是的，世界上最需要那些能够制造机遇的人。

很多人都相信"生死有命，富贵在天"这句话，其实我们完全可以自己设计自己的命运。成功是需要很多条件的，比如健全的体魄、聪明的头脑、雄厚的资金和广泛的社会关系等，但这些条件并不是每个人都能具备的。一个人能成功，首先在于他从不苛求条件，而是竭力创造条件。

人不仅要学会把握机遇，更需千方百计、伸长触角、张大触须，创造机遇。能够走向成功的人，绝不是一个逍遥自在、没有任何压力的观光客，而是一个积极投入、持之以恒的参与者。善于创造机遇，并张开双臂去迎接机会的人，最有希望与成功为伍。

在成功的金苹果将要砸到身上的时候，只要不是太蠢钝的人都会伸手去接，这并不困难。更重要的是，要调动一切可以

利用的力量，把不可能经营成可能。

罗蒂克·安妮塔是英国著名的女企业家，她是美容小店连锁集团的董事长、家庭主妇成功创办公司的典范。

安妮塔出生于意大利，毕业于面向贫民子女的牛顿学院，与丈夫戈登结婚后，日子过得并不宽裕。

于是安妮塔决定自己创业，结婚前，安妮塔曾到南太平洋旅行，对土著居民使用的以绿色植物为原料的化妆品产生了浓厚的兴趣，她收集了不少天然化妆品的配方，认为天然化妆品一定会比目前市场上流行的化学化妆品更受消费者欢迎，但当前的困难在于4000英镑的投入她无法承担，唯一的办法只有向银行贷款。

安妮塔带着两个女儿来到小汉普顿的一家银行，向经理诉说她的困境，说她急需开一间小店来养家糊口，希望银行出于人道主义考虑，向她提供资金支持。经理认为银行不是慈善机构，拒绝了安妮塔的贷款要求。

但是坚强的安妮塔没有绝望，她时刻不停地在想办法。研究了一番，她穿上特制的西服，俨然一副商界女士的打扮再次来到银行。她准备了一大摞文件，包括可行性报告和房产凭据等，文件中她把她筹划的小店吹捧成世界上最好的投资项目，把自己美化成具有丰富经验的化妆品专业的商界奇才。这次她改变了策略，用商业银行的游戏规则——越有钱的人越容易借贷，来与银行周旋。

那位银行经理因为一周前根本就没把安妮塔放在眼里，所以也没认真注意她，这次安妮塔改头换面再来时，竟没认出她来。最后安妮塔的资历通过了银行的审查，顺利贷到了4000英镑，这笔钱成为她非常重要的启动资金。

1976年3月27日，安妮塔的美容小店正式开张。由于此前《观察家报》报道了她开店的情况，所以该店一炮打响，顾客盈门，第一天的收入就有130英镑。

此后安妮塔不断开设分店，走上了连锁经营的道路，她的小店变成了遍布全球的大企业，

做任何事情都不可能是一帆风顺的，不论你是穷人还是富人，都不可避免地要遭遇失败。唯一不同的是穷人在失败中选择放弃，否定自己；富人在失败中选择面对，并在失败中成长。

许多人处于贫困之中的时候，往往会抱怨命运没有给自己一个展示能力的平台，以至于自己有劲儿使不上，想致富也不知从何处下手，却不知你要上天，必须自己搭梯子；要入地，必须自己掘土。所谓机遇，你对它倾心，它也会对你钟情，给你报答。它绝不轻易光顾你的门庭，不愿意投入的人，也决然得不到它的偏爱与回报。机遇最喜爱善于进攻、有挑战性格的人，并乐意为其“效劳”。

第 05 章

突破后敢于创新：不走寻常路，带来不同寻常的成功

富人求新求变的个性，是他们获取财富的必备武器之一。所谓创新，并不仅仅是指设计出一件新产品或新的服务项目、一种经商的新窍门或者对传统方法的更新，它还指用一种不同的方法表达自己的思想，用一种新方式处理老问题，用自己的创造性和竞争力去获取财富。生活是创意的源泉，创新在于平日的坚持与积累，把一件事情往深里想，往细里做，成功的机会往往就会在不经意间涌现出来。

思路创新，是致富的捷径

> 现代人提倡“智慧创业”“思考致富”，以前我们总说思想是一笔宝贵的精神财富，其实在这个时代，思想不仅可以是精神财富，还可以是物化的有形财富。对于实力不足的穷人，如果能用好创意，也会达到事半功倍的效果。

在过去的农业社会，力气是人们赖以生存的本钱，能吃能干的人就是人才；但当我们进入市场经济、知识经济的时代后，富人致富，靠的是他们的头脑。穷人和富人，首先是头脑的距离，然后才是口袋的距离。

很多人做事，倾向于用他们的手，用他们的脚，用他们学过的专业技术，唯独不用他们的大脑。因为不善于思考，所以不能做出改变，也就踏不上致富的台阶。

思维是一切竞争的核心，因为它不仅会催生出创意，更会在根本上决定成功。它是改变外界事物的原动力，如果你希望改变自己的状况，获得进步，那么首先要从改变思维开始。

创新的最高境界，是在自己的经济力量还十分弱小的情况下，通过创新的思想发现财富、整合资源，完成从无到有的蜕变。洛克菲勒曾经说过："即使把我的衣服脱光，再放到没有人烟的沙漠中，只要有一个商队经过，我又会变成百万富翁。"是的，富人最令人惊叹的能力，就是他们无比机敏的商业嗅觉。

长期以来，世界上各国人都喜爱在胸前别一枚徽章，这种习惯为27岁的里尔人马克·戴尔克鲁阿提供了生财的机会。

谈起白手起家的经历，他回顾道："1991年2月，我正式失业，四处寻找工作，在一次专业性的展销会上，我遇到了一家大徽章公司的代表。我向他们提出愿意当他们的地区代理，得到的回答却是一阵嘲笑。"

但是马克一点儿也没有丧气，他决定单枪匹马闯一闯。为了物色造价低廉的徽章制造商，他花费一番努力找到了一份中国台湾的徽章制造商的名单，于是赶紧向这些厂家都发了一份文件，向他们索要样品和价目表。

马克说："所有的厂家都做出了回应，我挑了报价最贵的那一家，因为我相信它的质量应该是最好的。"

下一步便是招揽顾客。这也不难，在地区的报纸上登一条小广告就行了。一间仅14平方米的小房子便成了他们的办事处。马克向企业发出的招揽生意的广告如下："本企业可以定做广告性的徽章，保证价格低廉。"

"一年之内，我招来了近千家客户，从街角的小店到柯达一类的大公司都来订购，博览会和地区性俱乐部也喜欢用徽章作为标志。客户在我的办公室门前排起了长队。"他只要把客

户的名称和图案字体传给中国台湾的厂家，厂家就代为设计生产了。一枚徽章的成本寥寥，便宜的只有0.8法郎，贵的也不过3法郎。

后来马克的公司搬进了里尔市中心宽敞舒适的办公楼，但是马克明白：徽章热已近尾声，转产势在必行。他的公司今后将从事设计和生产广告性的工艺品。马克说："我的合作者给我寄来了成堆的极有趣的小玩物，再由我向顾客推荐，可以说一拍即合。"

那么马克的公司赚了多少钱呢？他自己说："赚了两三百万法郎。"

一个好的创富思路，本身无法标价，但它实施后所创造的价值却是实实在在的。对于实力不足的穷人来说，如果能运用好创意，常常会达到事半功倍的效果。

认识到创意思考的巨大能量之后，穷人们有必要立即行动起来，寻求能为自己带来财富的商机。这并不是障碍重重、难以入手的事儿，根据心理学家验证，如果一个人对某件事念念不忘，那么他无论看到什么、听到什么都会与这件事联系起来，然后他很快会摸清事情的来龙去脉，最终找到解决问题的突破口。同样，假如你对金钱保持热忱，将自己的一切生活积累都当作是在为将来如何赚钱做准备，把自己日常接触到的赚钱信息都和当前的赚钱事业挂钩，那么成功最终也将属于你。

如何拥有创新思想

财富是“想”出来的。人不但要养成善于思考的好习惯，同时还要学会拓宽思考的范围，开阔思路，扩展思维。循规蹈矩的心境里没有“杂草”，但也没有创造力。你想要有创造力，就必须照料好每一株“杂草”，把它们当作有经济价值的新作物来培育。

独辟蹊径，就是另外开辟一条别人没有走过的，只属于自己的道路。一个人要想获得成功，就必须要积极思考，打破常规，走在别人前面。

创新建立在对原有概念的怀疑的基础上，历史不止一次证明，当某些伟大的独立的思想家们怀疑现状时，进步也随之产生。

这些先行者们从不循规蹈矩，他们试图从不同的角度来改变现状。斯蒂夫·乔布斯、乔治·伊斯特曼、艾萨克·梅里特·辛格分别打破了计算机、照相机和缝纫机不能供家庭使用的“定论”，从而在各自的领域开创了大众消费的历史。福瑞德·史密斯则打破了只能通过邮局才能邮寄东西的“定论”，并且最终创建了联邦快递公司。

世间万事万物都是相互联系的，人们掌握的知识也是多门类、多学科的，因此，面对一个思维对象时，不能更不必局限于传统习惯，死守一个点。毕竟单兵作战的力量太孤单，假如拓展开去，到思维对象之外找个帮手，合力作战，不就能使威

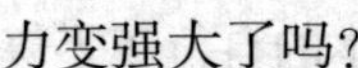

力变强大了吗？

世界摩托车销售中，每3辆就有1辆是本田产品，从这个数据可以看出，本田的销售网是何等之大。然而，如此庞大的销售网却是从日本的自行车零售商店开始起步的。

1945年，第二次世界大战刚刚结束，本田宗一郎弄到500个日本军用的电台小引擎。他将这些小巧的引擎安装到自行车上，结果这种改装的自行车非常畅销，500辆很快就售完了。

本田由此发现了摩托车的潜在市场，于是他成立了“本田技研工业株式会社”，决定开创自己的摩托车事业。

一批批可以装在自行车上的“克泊”牌引擎生产出来了，可是光靠当地的市场是容纳不了的，本田宗一郎面临着如何将产品推销出去的问题。

不久，本田就找到了新的合伙人，他叫藤泽武夫，过去是一位对销售业务自有一套的小承包商。

当本田与藤泽商量如何建立全国性的销售网时，藤泽建议说：“全日本现在约有200家摩托车经销店，他们都是我们这样的小制造商拼命巴结的对象，一向心高气傲。如果我们要插入其中，就得损失大部分的利益。”

“但同时，你不要忘记，全国还有55000家自行车零售商店。”藤泽接着说：“如果他们能为我们经销克泊，对他们来说，既扩大了业务的范围，增加了获利的渠道，同时又能刺激自行车销售，再加上我们适当的让利，这块肥肉他们会吃的！”

本田一听，觉得是条妙计，便请藤泽立即去办。

于是，一封封信函像雪片般地飞向遍布全日本的自行车零售商店。信中表明了克泊引擎零售价25英镑，回扣7英镑给他们。

两个星期后，13000家自行车商店做出了积极的回应，藤泽就这样巧妙地为“本田技研工业株式会社”建立了独特的销售网。

本田产品从此开始进军全日本。

财富是“想”出来的。人不但要养成思考的好习惯，同时还要学会拓宽思考的范围，开阔思路，扩展思维，这样才会更好、更大限度地获取有益的信息。

在漫长的人生路上，多数人就像在磨道里拉磨一样，日复一日地在这个环形道上走着，走完一圈再走下一圈，无休止地重复、无休止地走动，直到生命的最后一刻。也有一些聪明人不甘于在这种环形路上一直重复走下去，于是另外开辟了一条路子。他们走出了圈外，看到了大千世界，看到了别人没看到过的事物，得到了别人没有得到的东西。相比之下，他们的见识超过了常人，他们的财富也超过了常人，于是他们便成了成功者。这就是再找一条路子的好处。

要想成功，必须独辟蹊径，另找一条路子。不能随波逐流，摆脱跟随的习惯。要做到这一点，其实并不是十分困难，有志于创造财富的人，完全可以从日常生活开始，有意识地培养和训练自己的创新思维。

如果你有了想法，不管是什么样的想法，你都应当及时表达出来。如果是独自一人，你就自己对自己表达一番；如果

你身处群体之中，不妨告诉其他人，大家共同进行探讨。

一个人一生中的大多数想法，都会被无意识的自我审查所否决。这种无意识的自我审查机制将一切离奇的想法都当作“杂草”，巴不得尽快地加以根除。

循规蹈矩的心境里没有“杂草”，但也没有创造力。你想要有创造力，就必须照料好每一株“杂草”，把它们当作有经济价值的新作物来培养。

你要把不寻常的离奇想法说出来，把它们从你的头脑当中解放出来。一旦它们进入到交流领域中，便能够免受无意识领域中自我审查机制的摧残。这样做能够使你有机会更仔细、更充分地去审视、探索和品味，从而发现它们真正的使用价值。

真正的创新，必须经过实践的检验

> 经商需要创意，但是这个创意必须与时代的潮流和人们的现实需求相结合，否则它就没有根基。检验一个人的思路是否完美，必须要注重它实施后的效果能否为你带来财富的思路，能带来财富的才是最好的思路。

有创新意识的人，常被人称为思想的先行者。在创造财富的领域里，我们同样需要创意，但这里有个前提：不管什么样的创新思想，都要为最终的结果服务。换句话说，就是只有能够为你带来财富的思路，才是最好的思路，否则充其量只是一场精巧的思维游戏。

在现代化社会里，人们有更充裕的金钱来追求物质享受，工商业界也需要更多勇于创新的人，来创造更多更加新奇的能够赚钱的东西。例如怎样使沙发坐起来更舒服？怎样使衣服穿起来更舒适、更好看？怎样使吃的东西更美味可口？……等待创新的东西太多，也正因为如此，创新才能与财富紧密地联系起来。

如果你还为找不到创新的门径而发愁，经济学家总结了5个要点，可能会对我们创新有所帮助。

1.推翻“what”——开发新产品的常识。宝洁公司不仅开发了合成洗衣粉，而且开发了纸尿布，使公司的利润一下子增长了20%多；米其林公司在推出寿命较长的辐射型轮胎后，占据了美国轮胎市场11%的份额。

2.推翻“who”——服务对象的常识。电子记事本是面向商业公司用户的，这是常识。然而当一家日本公司开发出一种具备通信和画图像功能的电子记事本时，却赢得了小学生和女孩子们的欢心。

3.推翻“where”——销售场所的常识。北京羊坊涮肉饭馆的总店远在城乡接合部，但生意却很火爆，因为这种经营方式正好满足了汽车普及时代消费者的追求。当电子商务成为全球化经济的重要支柱概念，亚马逊的成功注解了这一点。

4.推翻“when”——时间的常识。以城市地区为中心，24小时营业的廉价商店、书店及服装专卖店等打破时间常识的零售店风行一时。讲究时间差，成为未来经济的制胜点之一。

5.推翻“how”——经营方法的常识。日本的一家小酒店不仅允许顾客把饮料带到该店的二楼去喝，而且还在那儿设立了自由的大众俱乐部。来这里的客人既能在一层买到自己爱喝的酒，还能在二楼进行娱乐。

从以上的创新要点中我们可以看出，经商需要创意，但是这个创意必须与时代的潮流和人们的现实需求相结合，否则就没有根基。致富需要创新，又不能完全依赖于创新。有一些人以为凭着自己充满了创意细胞便可以无往而不胜，这绝对是一个美丽的误会。在生意场上，创意犹如一把双刃剑，它的正面也许能促使你在生意场上光芒四射、飞黄腾达；而它的背面不但不能助你在商道中开辟出一条光明大道，相反还会使你握剑的双手鲜血直流。为什么这样，道理很简单：创意不等于生意。创意产生于人脑中，主观性较强；而商道存在于现实中，客观性较强。

创新的另一种意义就是对既定说法的否定和重新选择。例如：想要改变既定路线，就必须对自己先前的计划说“不”；他人的要求或期待，对自己的成功进程有妨碍，我们就要对他们说“不”；为了享受更大的好运道，也许要对目前的良机或成功的指标说“不”。总之，没有否定就不会有选择，就不能踏上与众不同的成功之旅。

创意如果能够纳入商业元素或增强商业元素，便与财富一拍即合；否则生意人便挡于之门外，不会多看一眼。

与众不同的创意，如何进行软着陆

> 产品需要创新，这一经营观念早已被广大经营者接受。但是“服务也需要创新”的观念直到现在也没有被经营者普遍关注。对于刚开始创业的穷人来说，想顾客所想，做到无微不至，就是一种最简单、最容易入手的致富创举。

狭义的创新，往往是把创新和特定的产品联系在一起，你创造了什么，改进了什么，是看得见摸得着的。这里面最容易被人们忽视的一点是：优异的硬件必须与优异的软件相匹配，用在经营上说，就是创新的服务比创新的产品更能深入人心。

举个例子说，一个小本经营的饭店，亲切的家庭气氛就是它的特色。客人一到，老板立马亲自出面接待，临走结账时总是说：“还是朋友价，零头去掉，凑个整数，这次就80元吧！”反映到账面上，这个零头不过是几元，但来客心里都觉得甜滋滋的，同时又会觉得过意不去，好像占了老板的便宜一样。下次再聚到一起吃饭时，大家都不约而同地想到这家饭馆，于是新顾客成为回头客，回头客成为老顾客，老顾客经常光临。服务上的独到之处对顾客的吸引力绝对不亚于新颖的、好口味的菜品。

“人无我有，人有我新”，这话在生意场上永远不会过时。今天，几乎每一个行业都几近饱和，大家都要生存，这里面就必定有人做得好，有人做得差。对于刚开始创业的穷人来说，想顾客所想，做到无微不至，就是一种最简单、最容易入手的致富创举。

明治初期，鹿岛屋木屐店是东京最大、销售量最多的木屐店。而老板鹿岛竟然是以15元资金做起的，他何以如此发达呢？

原因就在鹿岛别出心裁，肯做下列事情。

1.他没有挂起招牌，也没有行号，只在一块大木板上画了一只木屐。

2.店面贴了一张东京市的地形详图，旁边写着："东京市的街道如何走？如果不清楚，请进来，我们会告诉您。"

3.我们所做的木屐品质最好、最耐用，足可以走遍东京市内一千次。

4.店中提供顾客放置行李服务，免费替顾客保管行李。

5.店中备有杂志、火车时刻表、报纸，供顾客自由阅览。

6.店中备有火柴、纸、铅笔等，任顾客自由使用。

7.只要一赚钱，就立即装置电话机，供顾客任意使用。

鹿岛的做法虽然简单，但其中渗透了为顾客服务到底的精神，自然产生了很好的效果。

"产品需要创新"这一经营观念早已被广大经营者接受。但是"服务也需要创新"的观念直到现在也没有被经营者普遍关注。具体表现在一些公司推出一项服务后便不思创新，死抱着这项服务举措不放，长时间不变。这是不妥的。

商家要想自己的商品永葆魅力，自己的公司在竞争中永远立于不败之地，除了要不停地提高商品质量外，还必须树立“服务创新”的意识，这不仅能为顾客提供更舒适、更全面的享受，也能为自己带来更多的客源与财源。

在服务上的创新，不需要我们有多么高深的知识和缜密的推断，细心和耐心就是我们成功的法宝。我们做事情是按照我们对事物的理解去做的，因此如何认识我们所要做的事是一个关键问题。一个思维缜密、周到的人，会从一件小事，一个细节扩展到其他方方面面，在不经意间就能把事情做得很周全、很完备。把一件事情往深了想，往细了做，成功的机会往往就会在不经意间涌现出来。世间的其他事情如此，赚钱自然也一样。

突破自我、实现改变，你就成功了一半

> 人一出生就具有独立性和依赖性的双重个性，如果让依赖性占了主导地位，就容易重复一种因循守旧的生活模式。从这个意义上说，创新不仅仅代表着一个新方法或一种新产品。人是创新的根源，首先要培养创新的个性，然后才会产出创新的成果。

提到创新，我们首先想到的是一种新方法或一件新产品，

但这并不是创新的全部。对于那些急需完成从无到有、从贫穷到富足的穷人来说，是否拥有注重创新的观念和勇于创新的个性至为关键。换句话说就是，人是创新过程中的根源。

从本质而言，人一出生就具有独立性和依赖性的双重个性，如果让依赖性占了主导地位，就容易重复一种因循守旧的生活模式：那些人只看同一类的杂志或电影；从不改变自己的服装样式；拒绝听取不同的意见；总是躲在同一群朋友中间；不玩从未玩过的游戏；见到陌生人就举止失措；与异性谈话会脸红尴尬；勉强维持着不美满的婚姻；死死守住自己牢骚满腹的工作……他们不是没有改变的能力，而是没有改变的意识。

如果你毫无自信，优柔寡断，没有远大志向，不敢超越环境和自我，那么你的生活就可能一直黯淡无光。生活中美好的事物历来只和敢于正视现实、迎接挑战、战胜危机的人结伴同行。如果一个人不想白白断送自己的一生，那么就应该有所作为，有所突破，在征服困难的同时实现自己的价值。

5年前，李先生在一家企业做事。他的老板不但是个在多国拥有众多公司的大企业家，同时还是个教授，属于学者型商人，既有很好的经济头脑，又有很高的学术成就。李先生也就是冲着这一点进了他的公司。由于李先生的勤奋肯干，老板很快就提拔他做了部门经理，专管家具的销售。他也一直做得没什么差错。

有一次公司进了一套家具，标价20万元出售。可不知为什么，放了4个月都没有一个人问过价。好不容易有一天，一位顾客一进来就看中了这套家具，问了价格后，就一直想压低点，问李先生，18万元卖不卖。李先生心里也很想把这套家具出手，可是老板只给了他1万元的浮动权限，偏偏那位顾客也非常固执，说18万元不行就不买了。僵持了好久，李先生想打电话找老板请示一下，可老板去国外出差了，手机也关了，他不敢擅自做主，于是这笔生意就这样黄了。

过了两天，老板回来后，李先生汇报了这件事。老板有些不悦，他说：你没看到现在这套家具已经很难脱手了吗？你应该知道我的心思，既然4个月没人问，就说明这套家具已经没有什么卖点了，应该越早脱手越好。别说18万元，就是17万元你也应该卖，不然下次，16万元恐怕都没人要了。

李先生有些委屈地低着头，心想：我哪有那么大的胆子呀。看见他的样子，老板宽厚地笑笑，说："算了，先开车送我，我们一起去吃饭吧。"

他们上了车，李先生发动了车子，路上的车子很多还有雾，所以走得有些慢。过了十几分钟，雾越来越大，路况都看不太清了。老板倒不着急，他问李先生："在这样的大雾天气开车，你怎么样才能走得更安全？"李先生说，"只要跟着前面车子的尾灯，就没什么事。"老板沉默了一会，突然问，"如果你是头车，你该跟着谁的尾灯呢？"

李先生听了心中一阵震动，是呀，如果自己是头车，又有谁会给自己指路呢？

勤勤恳恳、埋头苦干的敬业精神的确值得提倡，但必须

注意效率，注意工作方法。有很多人表面上工作认真、兢兢业业，但忙忙碌碌一辈子也没干出多少成绩，这和他缺乏必要的开拓精神和创新精神有直接的关系。

有人形象地将商场比作战场，商业活动就是商战。既是战场，那么形势肯定瞬息万变，谁也不能准确地预测下一步会发生什么。所以最终的胜利，应该属于那些善于摆脱依赖性，努力实现自己独立性的人。

能根据当前的形势和环境迅速做出判断，决定自己下一步做什么的人，已经算是拥有创新思想的一流人才。而真正具备致富潜力的人，往往能够未雨绸缪，时势未变自己先变，永远立于不败之地。

富人求新求变的个性，是他们获取财富的必备武器之一。如果你是穷人，并且有志改变自己的生活状态，那么对“创新思维”一定要有个明确的认识。所谓创新，并不仅仅是指设计出一件新产品或新的服务项目、一种新的经商窍门或者对传统方法的更新，它还指用一种不同的方法来表达自己的思想，用一种新方式处理老问题，用自己的创造性和竞争力去获取财富。

第 06 章

整合你的人脉圈子：找到贵人会让你更快地成功

穷人与富人的距离是客观存在的，穷人向富人学习，与其学习他们经商理财的模式，不如先学习他们的处世经验，人学其实也是商学的一部分。虽然我们每个人都有自己的喜恶，自己的个性，但是对于急需改变自己生活状态的穷人来说，把赚钱与发展的概念提到首位是必要的。那种一个小圈子、两三个知己的交际生活对要创业和做生意的人绝对不适合。只有把人脉当作财源来经营，它才可能给你丰厚的回馈。

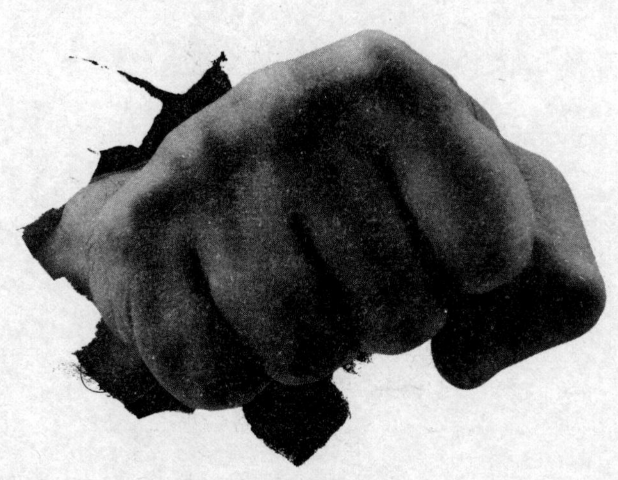

友谊，需要长期维护和经营

> 古人早有定论：投资普通生意，可获得一倍的收益；投资古董珠宝，可获得十倍的收益；投资人情，可获得百倍甚至无限多的收益。冷庙烧香，结交尚未发迹或一时落魄的人物，都是眼光长远的人情投资。

在生活中有这样一种现象：有一些人不管遇到什么难解之事，身边都会马上出现帮忙捧场的人，群策群力，多大的难事儿都能应对；有人却两眼一抹黑，不知道该去求谁。前者是天生的幸运吗？非也，命运是公平的，从来不会无理由地宠爱或薄待任何一个人。那么他是有人缘，有关系吗？可以这么说。但是所谓交情，平日不去“交”，关键时刻哪来的“情”？

现代人生活忙忙碌碌，没有时间进行过多的应酬，日子一长，许多原本牢靠的关系就会变得松懈，朋友之间逐渐互相淡漠，这是很可惜的。但是做事业离不开他人的支持，所以即使再忙，也别忘了沟通感情。否则“临时抱佛脚”，就不一定管用了。

真正善于求人的人都有长远的战略眼光，早做准备，未雨绸缪，这样当他在需要时，就会得到意想不到的帮助。

某企业董事长的交际手腕高人一筹，他长期承包那些大电器公司的工程，对这些公司的重要人物常施以小恩小惠，这位董事长的交际方式的不同之处是：不仅要奉承公司要人，对年轻的职员也要殷勤款待。

这位董事长并非无的放矢，事前他总是想方设法将电器公司内各员工的学历、人际关系、工作能力和业绩做一次全面的调查和了解，认为这个人大有可为，以后可能会成为该公司的要员时，不管他有多年轻，都尽心款待，这位董事长这样做的目的，是为日后获得更多的利益做准备。他明白，10个欠他人情债的人当中至少会有1个给他带来意想不到的收益，他现在做的亏本生意，日后都会利滚利地收回。

所以，当自己看中的某位年轻职员晋升为科长时，他会立即跑去为其庆祝，赠送礼物。年轻的科长自然倍加感动，无形之中产生了感恩图报的意识。董事长却说：“我们企业能有今日，完全是靠公司职员的抬举，因此我向你这位优秀的职员表示谢意也是应该的。”

这样，当有朝一日这些职员晋升至处长、经理等要职时，还会记着这位董事长的恩惠。因此在生意竞争十分激烈的时期，许多承包商倒闭的倒闭，破产的破产，而这位董事长的公司却仍旧生意兴隆，其原因就在于他平常在关系上投资得多。

纵观这位董事长的放长线手腕，确有“姜还是老的辣”的风范，这也说明求人交友要有长远眼光，要注意有目的地进行长期的感情投资，有时候甚至要牺牲一点眼前的利益，为长远

的目标铺路。

如果你觉得以上的处世原则过于功利，与我们“做人要厚道”的大原则不符，那么可以在事后做得圆满一些，不让自己的人格被抹黑。这里面最重要的一点就是善始善终，不能一味地被利益牵着鼻子走。

一个性格成熟的人做事有自己的原则和底线，摇摆不定的墙头草，一眼就可以分辨出来，“易反易覆小人心”，自己打嘴巴的人，如何能取得他人的信任？

世故与成熟不能同日而语。有人把老谋深算、圆滑世故看成是成熟，是为人处世、求人办事的窍门，其实不然。因为老练成熟才是社交中的“上乘”修养，而圆滑世故很难让人恭维。世故的人不一定就是成熟，成熟的人也不一定必须就要世故。成熟的人让人想接近，世故的人却使人避而远之。

不知道你是不是有这样的经验。你到一个服装店去买衣服，店主一开始热情地介绍这介绍那，你的心里很舒服，可试了几件后，发现没有一件适合自己的，最后决定不买了。如果店主马上对你冷淡下来去做别的事，你就会意识到他最初的热情只是为了做自己的生意。你一旦清楚这一点，马上就会对这个店主的性情有些看法，虽然人与人之间是互惠原则，但互惠的不仅仅是物质，还有精神。对这种世故之人，你可能会很反感，甚至可能以后再也不会去光顾他的服装店。

而一个处世成熟的人是不会去这么做的，即使是做不成生意，他依然会对你热情有加，从感觉上就很让你亲近，虽然你这次没买成衣服，但下次有机会还会去光顾。成熟者在处理人与人关系上，始终坚持互惠互利、互帮互助的态度，有福共享，有难共当，患难时见真情。世故者考虑问题时则以利益为先，交往的热情与有用程度成正比。

虽然在今天的商业社会里，“利益”与“感情”的界线不可能分得太清楚，但人毕竟还是要讲感情的，一个既有交际手腕，同时也重感情、讲义气的人，才能赢得人们更多的、更长久的信任。

多个朋友多条路，致富离不开朋友的帮助

> 现在干什么都讲人气，人气旺了，事业才会发达。在生意场上，你的顾客、同行乃至那些看起来无关紧要的小人物，都可以成为你事业发展的助力或牵制，以经营财源的心情来经营人脉，以后的道路就会顺利得多。

商业社会利益当先，这本来就无可厚非。尤其是对于穷人来讲，凡事不争取最大化效益，又怎能快速地脱贫致富？问题的关键在于你怎么去争，是寸土不让，让大家都忌惮你精明强干？还是有泱泱君子之风，先凝聚起宝贵的人脉来？

日本人大仓喜八郎18岁时，在东京当小营业员，21岁时开了一个自己的小海产品商店，生意时好时坏。一年之后，日本

发生了大饥荒，东京地区食品奇缺。政府在大仓所住的地区设了一个救济站，大量市民争先恐后地排起长队等待领救济大米。

大仓看见灾民们个个面黄肌瘦，心情十分沉重。在和灾民交谈中，他得知许多人虽然得到了政府救济的米，但仍然由于没钱买菜，吃饭问题无法解决。

大仓看着长长的灾民队伍，暗自做出一个重大决定，他大声说："我店里的货物，全部免费送给你们了，你们请随便拿吧。"人们听了他的话都十分吃惊，在这个大饥荒的时候，许多商人都乘机抬高价格巧取豪夺，而他竟然要把自己的货物免费送给大家。群众都迟疑着，大仓又大声重复了自己刚刚的话，于是许多人都涌进大仓的小店，开始争抢他的货物。

有人问他："小伙子，你是不是发疯了？"大仓笑着说："我并没有发疯，你看，这些灾民连饭都吃不上，自然也没钱买我的货。他们需要这些东西，我能给他们帮助，为什么不这么做呢？"听到的人都十分感动。

灾荒过后，大仓喜八郎重新开始了他的事业。由于他在灾荒时对大家的照顾，众人对他的为人都十分敬佩，也都愿意光顾他的店铺。他的生意前所未有地好，店铺也越来越大，很快大仓就成了当地巨富。再后来，他成了明治时代很有名望的大人物。

以小换大、一本万利才是成功的，经典的。可话虽如此，又有几个人能做得到？

在生意场上，顾客固然是你财源的基础，但是同行间的交流合作也必不可少。在许多人的心目中，人生就是战场，充满着尔虞我诈、你死我活的斗争，根本没有什么人情好讲，其实不然，要想在商场不被竞争所淘汰，你就必须懂得广交朋友，善于用“情”建立良好的人际关系。现代心理学和社会学的研究已证实，好人缘具有四大功能，或者说四大作用：

一是产生合力。我们常说的“人多力量大”，“团结就是力量”，“人心齐，泰山移”，说的就是这个道理。

二是形成互补。俗语说：一个篱笆三个桩，一个好汉三个帮。一个人即使是天才也不可能样样都精通，所以要完成自己的事业，就必须善于利用别人的智力、能力和才干。一个人在开拓自己的事业时，总会遇到自己力所不能及的困难，这时良好的人际关系会助你一臂之力，为你扫清障碍。

三是联络感情。人是一种情感动物，他必须时刻进行感情上的交流，他需要获得友谊。

在迈向成功的道路上，要想坚持到底，仅仅依靠信念的支撑是不够的，还必须要有友谊的滋润。好人缘会使你获得一种强大的力量和热情，在成功时有人听你分享为你庆祝，在挫折时给你倾诉和鼓励，这必将有助于你心理的平衡，从而使你有勇气迈向新的征程。

四是交流信息。在现代社会，可以说，掌握了信息就等于把握住了成功。一条珍贵的信息可以使人功成名就，腰缠万贯，而信息闭塞则可能会使人贻误战机，遗憾终生。

现代社会有个口号是“与比你优秀的人做朋友”，它的积极意义在于与各界的精英们相交，可以开阔你的眼界，激励你的奋发之心。从另一个方面说，各行各业的人都不可轻视，因为你不知道自己会在什么时候碰到什么事。

在现代社会，穷人与富人只是一个相对的概念，穷人身边存在着很多弱者：职场上那些刚进入公司的新同事、清洁、保安等人员是小人物；商场上那些后起步的同行、跑街看店的小伙计是小人物；在日常生活中，那些遭遇失意和不幸的人也是小人物。与每个人都诚意相交，也许有一天，他们就是支持你事业发展的潜在力量。

虽然我们每个人都有自己的喜恶，自己的个性，但是对于急需改变自己生活状态的穷人来说，把赚钱与发展的概念提到首位是必要的。只有把人脉当作财源来经营，它才可能给你丰厚的回馈。

信誉第一，建立个人形象与品牌至关重要

> 高尚的品格，是人性最高形式的体现，同时也是最好的投资本钱，它能最大限度地展现人的价值。财富是由美誉度、人脉、金钱三个重要部分共同组成，一个人一旦拥有好的个人形象和良好的人际关系，那么不想成功也都难。

很多场合人们都在讲，要做事先做人，我们生活在社会中，创造财富是一种社会行为，一个人如果不能与他人良好的沟通与合作，在遇到困难时就会显得孤立无助，还会丧失很多宝贵的商机，也就无法实现现代意义上的财富创造，所以一定要重视人际关系。它是你拥有商业机遇、信息渠道和业务往来的重要途径。

山本武信是做化妆品批发生意的。他10岁时就来到大阪，在一位化妆品批发商那里做学徒。他后来的生意窍门均来自做学徒时的经验。他眼光独到，又重义气、讲交情，是生意场中难得的人。

山本武信立志要做国际贸易，把生意做到海外去。第一次世界大战期间，他的出口生意很火爆，赚了不少钱。于是他便去银行贷款，备足大量货品，以适应市场的需求，然而事情并不像山本武信所预料的那样，第一次世界大战结束后，出口停滞，货品立刻滞销，他只好把大量的库存降价出售，然而贷款却收不回来，开出去的支票也很快成了问题，虽然尽力挽救，却也回天无力了。于是山本武信宣布破产，把自己的所有财物都交给银行处理，甚至连他太太的戒指和自己的金怀表也都交了出去。

山本武信表现出了与一般人不同的品格，本来按照惯例，这种情况下个人是可以保留一些生活日用品的，尤其是太太的饰物一类，是可以不动用的，但是山本武信坚持要拿出全部的东西，哪怕只值一丁点钱。

后来银行经理对他说："山本先生，这一次的损失固然是你的责任，但战后生意不景气也不是你所能决定的。你负责任的态度我们很了解，但是也不必做到这种程度。你店里的东西当然要全拿出来，像这些身边的物品，就不必拿出来了，尤其是你太太的戒指……还是请你拿回去吧。"

对于银行的好意，山本领情但执意不肯拿回那些东西，后来银行被他的诚信所感动，不仅派人给他送去了太太的戒指，还给他带去了数额巨大的一笔钱款，作为无私援助，这是他无论如何都没有想到的，也正是这笔钱帮助他最后渡过了难关，重新在生意场上站立起来。

品格是世界上最强大的动力之一，高尚的品格是人性最高形式的体现，同时也是最好的投资本钱，因为它能最大限度地展现人的价值。

世界女性富豪榜上的大多数人都是以继承遗产或者夫妻共同创业而拥有财富的方式出现在榜单上的，张茵则不同，她是全世界最富有的白手起家、独立创业的女性之一。

张茵20世纪50年代出生在一个军人家庭，在八个兄弟姐妹中排行老大，她不仅要帮助母亲操持家务，还要照顾弟弟妹妹，从小养成了坚毅、要强、大度的个性。

1982年，张茵终于有机会攻读她喜爱的财会专业，这为她日后的成功奠定了良好的基础。毕业后，她先后担任深圳信托下属的一家合资企业的财务部部长、贸易部部长，她真诚直率，与中国香港金融界建立了良好的关系。随后又在一家贸易公司做包装纸的业务。

1985年，张茵来到中国香港，在一家中外合资贸易公司担任会计，一年后公司倒闭，摆在张茵面前的有三种选择：回广东，或者接受一份年薪6.41万美元的工作，或者自己创业。

最后张茵选择了创业——怀揣着3万元的本金，她做起了废纸回收的生意。创业之初，张茵只能从最低端做起，慢慢建立废纸回收网络，在资金方面，她通过银行贷款，一步一步地发展自己的事业。当时，废纸回收贸易已经在中国香港火爆起来，但该行业中的很多企业大多都通过往纸浆里掺水以获取更高利润，张茵从一开始就带头抵制这种做法，然而对道义的坚守总要付出代价。张茵触犯了同行的利益，甚至接到黑社会的恐吓电话，就连合伙人也欺骗她，偷偷往纸浆里注水，但她没有退缩也没有害怕，最终，她的真诚、正义与坚持感动了众多收废纸的商贩，大家都开始主动跟她做生意。

张茵在中国香港做生意的6年，正好赶上香港经济的繁荣时期，她个人也完成了财富积累。

做生意不应该只是为了赚钱来供自己享受，还要想到为他人、为社会做些有益的事，这样不仅能赢得顾客，公司的形象也更容易得到社会认可。只为自己奋斗得来的成就是很容易失去的，而且如果没有坚实的信誉基础，你的事业也很难取得进展，很难成功。

努力推介自己，让他人看到你的价值

> 广泛与人交往是机遇的源泉。交往越广泛，遇到机遇的概率就越高。穷人要想变成富人，就必须建立一个自己的人际关系圈，只要有人肯帮你，为你提供机会或者信息，你就有可能迎来自己人生的转机。

要想成功地组织自己的人际关系网络，你不仅需要用常识去“感悟”，还需要用行动去“执行”。人际关系的意义，其实要比通常大家认为的要深远得多。

穷人要想变成富人，就必须建立一个自己的人际关系圈，你要知道仅仅凭借你一个人的力量是微不足道的，只有有人肯帮你，为你提供机会或者信息，你才有可能迎来自己人生的转机。

1929年，乔·吉拉德出生在美国一个贫民窟。从懂事起，他就开始擦皮鞋、做报童，先后干过洗碗工、送货员、电炉装配工和住宅建筑承包商等。35岁以前，他是个全盘的失败者，患有严重的口吃，换了40个工作仍然一事无成。再往后，他开始步入推销生涯。

乔·吉拉德经历过许多失败，在有一次惨败后，朋友都弃他而去。但乔·吉拉德说：“没有关系，笑到最后才算笑得最好。”

没想到，就是这样一个不被看好，而且背了一身债务，几乎走投无路的人，竟然能够在短短的3年内被吉尼斯世界纪录评为“世界上最伟大的推销员”。他至今还保持着销售昂贵商品的空前纪录——平均每天卖6辆汽车！他也一直被欧美商界称为“能向任何人推销出任何产品”的传奇人物。

他有一个习惯：只要碰到一个人，就马上会把名片递过去，不管是在街上还是在商店。他认为生意的机会遍布每一个细节。他还认为，推销的要点不是推销产品，而是推销自己。他说：“如果你给别人名片的时候，想这是很愚蠢、很尴尬的事，那怎么能给出去呢？恰恰相反，做出那些显得很愚蠢的举动的人，正是那些成功和有钱的人。”

他到处向别人递名片，到处留下他的味道、他的痕迹，于是人们就像绵羊一样来到他的办公室。去餐厅吃饭，他给的小费每次都比别人多一点点，同时主动放上两张名片。因为小费比别人给得多，所以大家肯定会好奇这个人是做什么的。

人们谈论他，想认识他，根据名片来买他的东西，长年累月，他的成就正是来源于此。在他看来不可思议的是，有的推销员回到家里，甚至连他的妻子都不知道他是卖什么的，为此他呼吁道：“从今天起，大家不要再躲避了，应该让别人知道你，知道你所做的事情。”

人缘主要是靠个人与众人的感情联系。一个人应该有自己的个性，但为了事业成功，为了大家能接受自己，也必须适当争取人缘。而人缘作为一种人与人感情联系的结果，正是人们平时努力争取得来的。

这个世界上，在各方面都有许多出类拔萃的人物，他们的影响是非同小可的，有志成功的人必须利用好与他们接触的机会和他们建立良好的关系，这对个人的前途有时候至关重要。不要等待，一味地等待只能使你错失良机，你应该积极地一步一步地去做，没有什么不好意思的。你有许多在各种场合接触他人的机会，如果你想接近他们，让他们成为你人际关系网中的一员，你必须付出像乔·吉拉德一样的努力。假如你到一个新的环境中，如机关、企业、学校等，在彼此都不认识的时候，你要学会主动“出击”，以真诚友好的方式把自己介绍给别人。

如果你想多结交一些朋友，你就要主动地了解对方的志趣爱好，你可以通过多种方式去得到他们这方面的信息，你要注意与其相处时积累一些有关他的情况，你可以通过他的朋友了解他的兴趣爱好，还可以通过他的一些个人材料记录了解他。

曾经有一位记者，当他要结交新朋友时，总是想方设法知道他们的生日，他先是请教这些人，问他们觉得生日是否会影响一个人的性格和前途，并借机叫他们把生日告诉他，然后他悄悄地把他们的生日都记下，并在日历上一一圈出，以防忘记。等这些人生日的时候，他就送点小礼物或亲自去祝贺。很快，那些人就对他印象深刻，把他当作好朋友了。

人与人之间接触越多，距离就越可能拉得更近。这跟我们平时看一个东西一样，看的次数越多，越容易产生好感。我们在广播、电视中反复听到、反复看到的广告，久而久之也会在我们心目中留下印象。所以交际中的一条重要方法就是：找机会多和别人接触。

贵人，能带你坐上财富直通车

> 人际关系包括人缘关系、业务关系、办事渠道、信息来源等。它是一种十分微妙的东西，可以说无处不在。在一个商人的交际网络中，交际的面越广，有分量的人物越多，要做的事业就越顺。

穷人与富人的距离，是客观存在的，借鉴富人的思维方式和做事的方法，是穷人致富的一条切实可行之路。向富人学习，与其学习他们投资理财的模式，不如先学习他们的处世经验，人学其实也是商学的一部分。

商人的所有活动都要同人打交道，这是一个人际关系高接触的职业。比尔·盖茨说过一句话：高科技与高接触同样重要。

生意场，也是公关场，没有一定的人际关系网，做生意简直是寸步难行。人际关系包括人缘关系、业务关系、办事渠道、信息来源等。它是一种十分微妙的东西，可以说无处不在。人际关系就像是一张网，而我们就是网上一个个的节点，这是商人的一笔无形资产。有了这样一张网，做起生意来会如有天助，会收到事半功倍的效果。

印度尼西亚著名华侨企业家林绍良，在创业的艰难历程中，得到了印尼前总统苏哈托的帮助，这不仅使本来毫无希望的事业变得大有希望，也使一个身无分文的创业者成为富甲一方的商业巨人。

1917年9月7日，林绍良出生于中国福建。1938年，他前往印尼谋生。当时的印尼与中国一样处于战乱之中，要赚钱，谈何容易。

日本投降后，印尼宣告独立，但荷兰军队又卷土重来，印尼也重新陷入战火。

林绍良凭借多年积累下来的行商经验和广泛的社会关系，冒着风险为印尼游击队源源不断地输送武器弹药和医药用品等物资，表现很突出。

在支前活动中，林绍良认识了许多印尼军官，其中一个军官就是后来担任总统的苏哈托，当时苏哈托是中校团长，每当苏哈托的部队陷入经济窘境之时，林绍良都义不容辞地给予有力支持。苏哈托对此十分感激，于是为林绍良突破重重包围把丁香运到新加坡贩卖提供保护，两人结下深交。

1949年，印尼终于赶走了荷兰军队，赢得了民族独立。但战后的印尼，百业凋敝，经济极度困难。不过这正是有抱负者施展才干的好时机。林绍良不满足于只贩卖丁香，他把活动中心从古突士迁到了首都雅加达。

林绍良利用与总统苏哈托的关系，使自己的事业飞速发展。

1954年，林绍良开设肥皂厂，接着是开纺织厂、铁钉厂、自行车零件厂。1957年，他创办了今日印尼最大的私营银行——中亚银行。20世纪60年代中期，林绍良创办了一家拥有三十多家银行、建筑、水泥、钢铁等行业的企业集团。

1968年，他获得了政府给予的丁香进口专利权，此后资金滚滚而来，事业得以迅猛发展。当年，印尼政府把全国生产面粉的三分之二专利权都交给了他。他也很快就建起了两座规模庞大的现代化面粉加工厂。1975年，林绍良投资1亿美元建设狄斯丁水泥厂，这是印尼数一数二的大企业，据说其资产值已达25亿美元。同时他还买了大面积的地皮，向房地产业发展。

人际关系是商人最重要的一项资产，在他的交际网络中，交际的面越广，有分量的人物越多，要做的事业就越顺。

结交“贵人”和营造人脉的前提是认识更多的人。我们大多数人都是生活在一个既定的生活圈子内，只要留心看看自己的生活范围，是不是在很长时间内都没有什么新的变化——既没有增加新的朋友，也没有新类型的社交活动。更经常的情况是，一年年过去后，我们交往的依然是熟悉得不能再熟悉的人，出入的是闭上眼睛都想得出路的地方。这样的生活很舒适，在没有陌生人的地方，我们可以充分放松自己，因为陌生的环境和陌生人总是会因为不了解而给我们造成心理上的紧张。面对一个全新的环境，不同的面孔，不同的生活习惯，那种陌生和随

之而来的寂寞相信在每个人心灵上都留下了很深的印象。但人脉建设就是要跨越这种熟悉带来的“舒适地带”，转而开创一个更新、更广的生活圈子。

采取主动积极的姿态参与各种社交活动是拓展交际圈子的一个好方法。我们可以选择加入一个社团、一个健身俱乐部、一个舞蹈团体、棋牌俱乐部等，然后活跃其中。选择你自己喜欢的就好，认识里面的人，然后建立你自己的网络。不论是什么形式，可以确定的一点是，许多有用的闲话就在那儿散布，友谊和合作也常常在那里产生。任何你能想到的地方，都是结交“贵人”的绝佳场所。

在穷人创富的事业中，若是遇到了贵人相助，有了贵人的提携，那无疑是锦上添花，使你平步青云，或者至少会使你少走许多弯路。因此，在实现人生梦想和野心的过程中，找到自己的贵人，并博得他们的信任和赏识，是成功的一个重要步骤。

第 07 章

坚持下去：成功只是每天比别人多做一点点

石油大王保罗·盖蒂说：“如果你想变得富有，就找一个富有的人，做他正在做的事情。”穷人致富本身就是一个摸索的过程，跟着已经取得成功的富人的脚步走，就可以使我们少走不少弯路。富人的好习惯、好方法有很多，我们的每一次学习，不一定都能取得立竿见影的效果，但是我们会在学习中逐渐提高自己的层次，然后由量变到质变，最终厚积薄发。

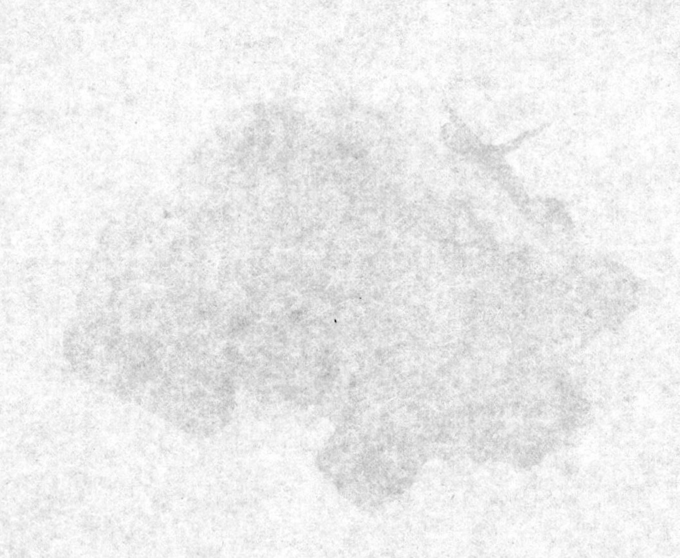

选定目标，你才有奋进的方向

由于穷人在生活中还没有扎稳根基，所以及早地明确自己的人生规划尤为重要。目标可以使你免于成为琐事的奴隶，可以让你全神贯注于自己有优势并且会有高回报的方面，从而最大限度地发挥自己的潜力。

目标能够使我们看清自己生活的使命，有助于我们安排好工作和生活的轻重缓急、大小巨细，这对那些还没有在生活中扎稳根基的穷人来说尤为重要，如果一方面为衣食奔忙，一方面又对自己的人生缺乏明确的规划，那么他们很容易就成为琐事的奴隶而不能自拔。国外曾经有这样一则报道：300条鲸鱼在追逐沙丁鱼时，不知不觉被困在了一个海湾里再也回不了大海了。有人评论说："这些小鱼把海上巨人引向死亡，鲸鱼前仆后继，无端暴死，为了微不足道的小利而空耗了自己的巨大力量。"

没有目标的人，就像故事中的那些鲸鱼，他们也许有着巨大的能量，但却把精力放在小事情上，这些小事情使他们忘记了自己本应做什么。要想发挥潜力，你就必须全神贯注于自己有优势并且会有高回报的方面，目标能帮助你集中精力，另外，当你不停地在自己有优势的方面努力时，这些优势也会进一步发展，甚至爆发出你自己都感到惊异的力量。

美国汽车大王亨利·福特是世界名人，他的伟大始于他的目标远大。他在自传中写道：我将为广大群众制造一种汽车，它大得足够一家人乘坐，但也小得只要一个人维护就够了。它是按照现代工程技术设计出的最完美的图样，使用质量最好的材料、雇用最优秀的人员制造出来，但是它的价钱很低，以至于工资不高的人也能买上一辆——并与其家人在上帝所赐予的广阔天地里享受快乐的时光。

目标确定以后，福特先生就开始了自己毕生的事业追求。

对于福特先生的成就，美国《纽约时报》写道：当他来到人世时，这个世界还是马车的时代。当他离开人世时，这个世界已经成了汽车世界。他为大众造车，大众是机械师亨利·福特的受益人，也偶然成为使他受益的人。

伟大的目标是铸成伟大成就的前提。虽然目标是朝着将来的，是有待将来实现的，但目标却能使我们把握住现在。为什么呢？因为目标要求我们把大的任务看成是由一连串小任务和小步骤组成的。要实现理想，就要制定并且达到一连串的目标。每个重大目标的实现都是几个小目标、小步骤实现的结果。所以，如果你集中精力于当前的工作，心中明白你现在的种种努力都是为实现将来的目标修路，那么你就能成功。

对那些总是在生活中迷失方向的人来说，最痛苦的事莫过于看到别人都朝着既定的目标行进着，并且每天都有收获，而自己却由于各方面的原因，整天都像无头苍蝇一样，撞到哪儿算哪儿，没有什么收获。

没有目标，等于失去行动的方向。这个道理再简单不过了，但为什么很多人总是找不到自己的目标呢？原因就在于他缺乏确定自己目标的能力。

是的，每个人心中都有着无数的欲望和梦想，但是很多人毕生也无法将自己的这种欲望和梦想明确为具体的人生目标。梦想是模糊的、短暂的，具有强烈的不确定性，有些人今天对自己的未来还充满着期望，但也许一夜之间，就会忘得一干二净，又重新憧憬起另一种生活来。

而目标能够帮助你将这种梦想的不确定性消除，使你前进的道路变得清晰而有序，每一个阶段的任务都一层层铺开展现在你面前，让你知道该如何开始行动。

在你为确定不了自己的人生方向而感到迷茫的时候，应该仔细地思考一下这些问题：自己想做什么？想过怎样的生活？自己和别人、社会想保持一种怎样的优势关系？在哪种状态之中自己会感到最满意？

有了目标，人生就会变得充满意义，一切似乎清晰、明朗地摆在你的面前。什么是应当去做的，什么是不应当去做的，为什么而做，为谁而做，所有的要素都是那么地明显而清晰。

目标是茫茫大海上的灯塔，它能给我们指引前进的方向，让我们的心中充满了希望。在我们想要睡懒觉的时候，是它帮我们克服自己的惰性，将我们从温暖、舒适的被窝里拉出来，去做我们应该做的事情；在我们感到困难重重的时候，是它燃起我们对成功的渴望，鼓起我们奋斗的勇气，坚定我们前进的步履。目标的有无决定了我们将度过怎样的一生，是让人眷恋，还是让人厌烦；是丰富多彩，还是兴致索然。

坚持固然重要，但前提是要值得

> 任何一件事情的成功，除了要坚持，更需要一种敏锐的判断力，对客观环境和自身的条件都应该有明确的认识。你在创造财富的道路上取得的成就，最终还是要靠事实说话，选择合适的方向和方法，才可能有事半功倍的效果。

我们都知道，坚持是一种美德。穷人致富，需要的不仅是由量变到质变的积累，更需要持之以恒的心态。但凡事都有它的两面性，如果不摸清事物的内在规律而只是盲目地埋头做事，那么就会徒然浪费我们的时间和精力。

有一位企业家，别人问他成功的秘诀是什么，他毫不犹豫地说："第一是坚持，第二是坚持，第三还是坚持。"听的人心里都暗笑，没想到那位企业家意犹未尽，最后又加了一句："第四是放弃。"

作为一个成功的企业家怎么可以轻言放弃？这里面的道理其实很简单，如果你确实努力再努力了，但是还不成功的话，那就不是你努力不够的原因了，恐怕是努力的方向以及你的才能和目标是否匹配的问题了。这时候最明智的选择就是赶快放弃，及时调整目标，寻找可以收到实效的行事法则。

有两只蚂蚁想翻越一堵墙，寻找墙那头的食物。一只蚂蚁来到墙脚下就毫不犹豫地向上爬去，可是每当它爬到大半时，就会由于劳累、疲倦等原因而跌落下来。可是它毫不气馁，一次次跌下来，又迅速地调整一下自己，重新开始向上爬去。

另一只蚂蚁观察了一下，决定绕墙过去。这只蚂蚁很快就绕过墙来到食物前，开始享受起来；而另一只蚂蚁还在不停地跌落下去又重新开始。

对于那些在“坚持就是胜利”的教育中长大的人来说，现在很有必要调整一下思维方式。穷人没必要坚持“人定胜天”的“定律”，而无休止地与客观规律较劲儿。

放弃不是自认失败，而是寻找成功的契机，今天的放弃是为了明天更好的获取。也许放弃使你为期待的目标失去了好多，有些甚至是非常珍贵的，可你不应该后悔，你要知道：没有放弃，就不会有更牢固的拥有和获得。坚持到底固然是成功的一个必备条件，但如果你走进了一条无路的死胡同，你应该赶快放弃前进。必要的回头，可以使你找到出路，否则你只会撞得头破血流。

被称为“烧鹅仔”的林伟成，1982年高中毕业后，拿着父母给的300元家底做本钱，在惠州市大角市场的一个破木棚里摆摊卖起了烧鹅。谁知忙活了一整天，9只烧鹅只卖出去半只，其余的第二天变了味，本钱一下子失去一大块。19岁的林伟成初次经商，就遭遇挫折。

但他并不气馁，并且很快从失败中找出了原因，原来是自己的烧鹅味道不好，于是就到广州拜师学艺，钻研烧鹅加工技术。一年后，林伟成回到了惠州，又干起了卖烧鹅的营生。这一次他的烧鹅色、香、味俱全，深受人们的青睐，烧多少便能卖多少，每天他的摊位前都排起长长的队伍。摆了一年多的小摊，便有了10万多元的积蓄。这时，不安分的他想往大了干，于是办起了一家快餐店。一年后，林伟成又经营起粤海酒家，经过十余年的艰苦创业，林伟成已在惠州餐饮界崭露头角，“烧鹅仔”几乎家喻户晓，他也成了惠州大有名气的老板。

正当林伟成立志要创中国餐饮名牌、做中国麦当劳的时候，上天却与他开了一个莫大的玩笑。1993年下半年，惠州绚丽的经济泡沫消退。原来天天食客盈门的生意每况愈下，亏损严重。为了挽回败局，林伟成投资6000万元开了一家大型商场和珠宝行，结果却一败再败。他又开始涉足房地产，更是亏得血本无归。仅仅一年的时间，林伟成不仅把十几年艰辛拼搏积累下来的资本亏空殆尽，还欠下2000万元的外债。

吃一堑，长一智，林伟成决定从头做起，当一名烧鹅仔。他首先到国家市场监督管理总局登记注册了自己的商标，然后自任主编，聘请有关专家编撰了多达20万字的《烧鹅仔集团酒店管理标准》作为集团规范化管理的依据和员工的教材，并以此为基础，开始踏踏实实重新创业。

栽下梧桐树，自有凤凰来，“烧鹅仔”独特的经营管理模式重新带来了一场餐饮业的革命，也给自己招来了众多的合作伙伴。从西安到北京、天津、兰州、乌鲁木齐、郑州等地，烧鹅仔的连锁店可以说是遍地开花，甚至走向了韩国与日本，从而使烧鹅仔东山再起，走向成功。

林伟成的创业之路一波三折，耐人寻味。但这里面有一条非常明晰的线索是：根据自身的条件和长处做事时则成功；头脑冲动、盲目投资时则失败。所以当你要做大事、赚大钱的时候，首先要明确方向，寻找最适合自己的方式。

人们一旦踏上某条道路，就很难再重新选择，因为重新选择的成本太高。但当你真的面对事业心有余而力不足时，最好还是勇敢地走出来。人生忌恋战，有些事大局既已无望，宜迅速放弃，另谋出路，不可空耗自己一生。一个人想干什么和能干什么是两码事，必须在能干的范围内选择想干的事。若在某个圈子长期出不了成绩，不如改行做更适合自己的事业。抛弃虚荣心，哪怕降低一个档次，只要能发挥自己的特长，就能干出更大的成就，就能找到自己的人生价值。

想要成功，就要比别人多付出一点

> 你没有义务去做自己职责范围以外的事，但是你可以

选择自愿去做，以驱策自己快速前进。主动是行动的一种特殊形式，不用别人告诉你做什么，你就已经开始做了。具有主动性的人，在各行各业都是出类拔萃的人才。

穷人往往只被富人辉煌灿烂的业绩所吸引，而忽视了他们曾经为成功付出的努力，但单靠运气成就不了富人，当年他们和穷人站在同一条起跑线上的时候，就是凭着多看、多学、多问、多做的韧劲，才在人群里脱颖而出。

成功只要多做一点点，道理很简单，也很实用，可在生活中偏偏就有人做不到。

住在一家旅馆里的一位旅客从楼上急匆匆地跑下来，到了大厅里的收款台前结账，离火车发车的时间只剩下15分钟了。突然，他想起自己还有一些东西忘在房间里了。

“喂，招待员！”他对旅馆招待员说，“跑上去看一下我是不是把一包东西忘在桌子上了？快点！”

招待员马上跑上楼去了。5分钟过去了，这位旅客在客厅里走来走去，看样子非常着急，然而那个招待员却空着手回来了。

“是的，先生，”招待员说，“你的包裹确实留在房间里的桌子上。”

请不要仅仅把这个故事当成一个笑话看，事实上，在现实中确实会有一些人像那位招待员一样，对待工作敷衍塞责。表面上看也没有做错什么，却总是欠缺一种主动精神。

有些人觉得自己只要把被分配的事情做好就行了。当然，你没有义务去做自己职责范围以外的事，但是你可以选择自愿去做，以驱策自己快速前进。要做多一点，做妥当一点，多过他们所希望或要求的，这是外国人所谓多行一里的精神。也就是说别人要求你和他行一里路时，你却和他行够两里，这种服务精神，渐渐地就会使别人留意，甚至感激你的工作态度，给你一种精神上的满足，带来发挥你才能与服务精神的机会。

山姆用打工存得的钱，以分期付款的方式买下了一家汽车服务店。

头半年，尽管他每天工作10个小时，生意依然清淡。一天，有人来买一美元的汽油。山姆正好闲着没事，说："先生，我顺便替你清理一下车厢吧。"扫完之后，顾客很满意："小伙子，我从未享受过如此好的服务，多加些油吧，全部加满。"

这样的结果让山姆感到意外又兴奋。他一下子从这件事中得到了启发，由此他给自己制订了一个经营策略——今后凡光临本店的每一个顾客，都尽量使顾客满意，并为其提供额外的服务。

果然此举一出，他的店外整天排满了等候加油的车子。从经营这个小店开始，山姆逐步成为美国一家著名连锁店的创办人。

每一个成功者都懂得：出来做事要有服务的精神，尽量能够做多一点，做好一点，主动一点。如果你的工作超过别人所希望或要求的，渐渐就会使人留意，甚至会感激你的工作态度，给你一种精神上的满足，从而带来发挥你才能与服务精神的机会。

然而不幸的是，许多人只是站在生命的火炉前，说道：“火炉，请给我一点温暖，然后我给你加进一些木柴。”

如此类推，秘书往往会到老板那里说：“给我加薪，我就会做得更好。”推销员会到老板那里说：“升我为销售主管，我就会变得更能干，虽然我一直没有做出什么成绩，但只要让我做了主管，我就会做给你看。”

“给我报酬，然后我会生产。”可惜事情并不是这样运行的。在你期望得到东西前，必须先有主动的付出才行。

在我们为别人做出服务的同时，世界用财富来作为与我们交换的东西，作为对我们服务的奖赏。如果我们拿出最好的服务，那么我们可以期待一个与之相称的奖赏。

希望渺茫，是因为你准备不足

那些具备成功潜质的人，即使在逆境之中，也不会因为环境不利、希望渺茫、条件艰苦而放弃做准备。当你还默默无闻的时候，不妨先尽力做好普通人、普通事，这样你的心态将更平和，视野将更广阔，也许就会发现许多意想不到的机会。

我们必须承认，世间没有绝对公平的事，拿人与人的先天

基础来说，差异是客观存在的。有人博闻强记、一目十行，你可能上到三年级，还是干什么都跟不上趟儿；有人身材高大、英俊潇洒，你可能还不足一米七，并且体弱多病；有人打算创业就从老爹那儿拿来上亿的启动资金，你可能在结婚时都还是在租房子。

但是这些都不要紧，只要你坚信自己还有前途，你的前途就是光明的。

艾森豪威尔年轻的时候，有一次晚饭后跟家人一起玩纸牌游戏，连续几次都抓了很差的牌，他开始不高兴地抱怨。于是他的母亲停了下来，正色对他说道："如果你要玩，就必须用你手中的牌玩下去，不管那些牌怎么样！"

他一愣，听见母亲又说："人生也是如此，发牌的是上帝，不管怎样的牌你都必须拿着。你能做的就是尽你的全力，求得最好的效果。"

很多年过去了，艾森豪威尔一直牢记着母亲的这句话，从未再对生活存在任何抱怨。他总是以积极乐观的态度去迎接命运的每一次挑战，尽其所能地做好每一件事，从一个默默无闻的平民家庭走出，一步一步地成为中校、盟军统帅，最终成为美国历史上第三十四任总统。

人生如打牌，既然发牌权不在你手里，那么你能做的只有用你手里已有的牌打下去，并努力打好，除此以外，你没有任何选择。我们的天分，我们的起点，就是上帝发给我们的牌，这已不可改变，但怎么出牌却没有一定之规，这正是我们可以决定自己命运的地方。

事实上，在“前途光明”和“希望渺茫”之间，本来就没有一个不可逾越的界限，比条件更重要的，是心态。

即使在同样的困境之中，人与人对现实的认识也是不同的。一些穷人在一无所有的时候，往往会心安理得地受穷。他不仅对自己，也对别人说：人的命，天注定，胡思乱想没有用。于是他们很快被环境同化，并且从心理到生理都习惯了这种坐井观天式的安乐。而那些具备成功潜质的人，即使在逆境之中，也不会因为环境不利、希望渺茫、条件艰苦而放弃做准备。他们总是能想出办法、创造出条件去学习，去思考，去实践。

维斯卡亚公司是20世纪80年代美国最著名的机械公司，其产品销往全世界，并代表着当时重型机械制造业的最高水平。许多人毕业后到该公司求职均遭拒绝，原因很简单，该公司的高级技术人员爆满，不再需要各种高技术人才了。

科曼是哈佛大学机械制造业的高才生，和许多人的命运一样，他在该公司每年一次的用人测试会上被拒绝申请，但科曼并没有死心，他发誓一定要进入维斯卡亚重型机械制造公司，于是他采取了一个特殊的策略——假装自己一无所长，他先找到公司人事部，提出要为该公司无偿提供劳动力，公司起初觉得这简直是不可思议，但考虑到不用任何花费，也用不着操心，于是便分派他去打扫车间里的废铁屑，一年来科曼勤勤恳恳地重复着这种简单而劳累的工作，为了糊口，下班后他还要去酒吧打工。虽然他得到老板及工人们的好感，但是仍然没有一个人提到录用他的问题。

20世纪90年代初，公司的许多订单纷纷被退回，理由均是产品质量问题，为此公司蒙受了巨大的损失。公司董事会为了挽救颓势，紧急召开会议商讨对策，当会议进行一大半却仍未见眉目时，科曼闯入会议室，提出要直接见总经理。在会上，科曼把自己对这一问题出现的原因做了令人信服的解释，并且就工程技术上的问题也提出了自己的看法，随后拿出了自己对产品的改造设计图。

总经理及董事会的董事见到这个编外清洁工如此精明在行，便询问他的背景以及现状，了解了一切后，科曼当即被聘为公司负责生产技术的副总经理。原来，科曼在做清扫工时，利用清扫工可以到处走动的便利，细心察看了整个公司各部门的生产情况，并一一做了详细记录，发现了所存在的技术性问题并想出了解决的办法。为此，他花了近一年的时间搞设计，获得了大量的统计数据，为最后一展雄姿奠定了基础。

如果我们也有科曼这种埋头苦干、锲而不舍的精神，有在平凡中求伟大的品性，那么我们离成功也就不远了。要知道，在整个社会中，除了一些特殊的人从事的特定的工作之外，一般人的工作都是很平凡的。但平凡的工作，只要努力去做，和周围的人配合好，依然可以做出不平凡的成绩。

有许多人，他们一生最快乐的时刻，正是他们与贫穷做斗争、逐渐摆脱贫穷的时候。正是这段时间，他们为了将来的自立放弃眼前的享乐，一方面每天为面包而辛苦，另一方面又滋养自己的心灵，努力使自己的智慧更多，境况更好，生活更幸福，对社会更有贡献。

成功是辉煌的，但它背后的积累和准备工作却是无比艰辛和枯燥，当你厌倦或者有所动摇的时候，可以这样告诫自己：准备是接近希望的必经之路。明日的成就，就是在为这段时光颁奖。

绝不拖沓，不将今天事留到明天

> 所谓“日事日清”就是当天的事当天完成，做事有条不紊，不留尾巴。如果在处理繁杂的事务性工作时我们能坚持这个原则，那么我们就不会浪费时间，不会扰乱自己的神志，办事效率就很高。

在致富的道路上，富人总是跑在前面的人，穷人则是被甩在后面。就人先天的体力与智力水平来说，本来是相差无几的，穷人之所以跑得慢，一个原因是方向不明确，瞻前顾后；另一个原因就是方法的问题了，也就是说他们还不明白如何才能最大限度地发挥自己的能量。

一年有365天，一天有24个小时，这对富人和穷人没有什么差别。如果要在一定时间内完成由穷到富的积累，最可能的途径就是多做事、多成事。提高效率是一个大话题，但是答案却是简明的，其实，越是有效的、可操作的理念越会以一种简单的面目出现。

“日事日清”就是我们提高办事效率的最可靠的途径。

凡事都要及时处理的优点是显而易见的，比如当你收到一封信时，看完后应立刻回信，如若拖后几天，写回信时就要再读一次原信，也就又浪费了一次时间。如果有事必须做决定，便立刻做出决定。脑海中一旦闪现出对工作有用的想法和主意时，也要马上动手记下来。无论什么事，“再来一次吧”都会造成时间的浪费。对于生活中那些繁杂的事务性问题，立刻动手去做才是上策。

日事日清的做法看似简单，但是对于纠正人们行动上的偏差却意义深远。海尔的成功，正是将“日事日毕”的良好习惯注入企业的管理过程中并提炼成OEC管理法的结果。

OEC管理法也叫日清日高管理法，它是英文“Overall Every Control and Clear”的缩写，其含义是全方位对每人、每天所做的每件事进行控制和清理，并要求每天都要有所提高，做到“日事日毕、日清日高”。海尔总裁张瑞敏曾经借用复利计息的例子形象地阐述了“日事日毕、日清日高”的作用：例如把1元存入银行，以1%的日利率按照复利计息方式计算利息，只需要70天，这1元就可以变成2元。因此对于企业或个人而言，只要今天比昨天有所提高，即使提高不大，但从一个较长的时期来看，累积起来的成果也会相当可观。这可以通过哲学上的量变与质变互相转化的原理来进行解释。

“日清”是“日事日毕，日清日高”的概括，它的基本含义是当天的事情当天完成，当天的效果比昨天有所提高。日清是海尔企业独创的OEC管理的核心和精髓，其意义在于：

第一，所有员工对每天的工作任务心中有数，达到自主管理；

第二，工作效率高，强调当天的事情必须当天完成；

第三，每天都有进步，确保企业的成长。

“日清”给海尔带来的轰动性、持久性的效益已经是人所共知的事实，对于个人来说，日事日毕意味着效率，养成这种习惯意味着你又向成功迈进了一步。

为了更好地达到“日清”的效果，我们还可以根据以下的办法来控制自己的步调。

第一种办法，你可以做一张工作卡片，把工作卡片分成两栏，第一栏制定你一天所需要完成的事情，第二栏写你一天实际完成的事情，一天结束后，把两栏相比较，我们就可以发现自己在什么事情上面浪费了时间，以此来加强自己的时间感。

要想控制完成一件事情的时间，需要我们提前预估完成它的时间，同时在工作卡片上写下你所要做的每一件事情所需的时间，以加强你工作的节奏感。再次，你可以要求自己一次就把事情做好，不要留下其他残余的东西，更不要使工作留下缺陷，需要等待下次抽时间来解决。你只有在做第一件事情

时100%地做好，才能够给第二件事情100%的时间。

第二种办法，在单位时间内做更重要的事情。这就需要你分清事情的轻重缓急。首要的问题是，你要决定出什么事情是重要的，什么是不重要的。

重要的事情往往都与工作的目标或者企业的目标有关，有时候也可以是与个人的目标相关。凡是有利于工作价值的增长，有利于工作目标的实现，有利于人生幸福的事情都可以认为是重要的事情。把这些事提上日程，立即着手去做，你会发现自己每天都在从容地向着目标迈进，越来越接近心中的梦想。

一天一个新开始，合起来就会向前跨进一大步，低能和高效、贫穷与富足之间的距离，就会被逐渐缩小。

第08章

有思考更要有行动：你要的结果是在行动中成就的

西方有句格言：“任何时候都可以做的事情往往永远都不会有时间去做。”许多人擅长思考、分析，可是却很少付诸行动，这样的人永远和成功距离一步之遥。要在积累财富的过程中形成自己的赚钱经验，如果一味被动地硬学财经知识，不停地修正投资计划，不但在无形中减少了我们的投资收益，而且当环境变化时，我们很难做出有效的反应来减少自己的损失。在创富的道路上，从慢一小步，到慢一大步，慢慢就与富人的距离越拉越远。

立即去做，方能战胜怯懦

人的心理倾向于选择安全、舒适和熟悉的环境，对于没有尝试过的事情总是心存畏惧。正是这种无形的障碍，使我们驻足不前，错过了许多本来应该去做，而且能够做好的事。要对付怯懦，最有效的方法莫过于行动，有了开始，下一次就容易多了。

穷人在现实环境中，总是处于相对落后的位置，这使他们对自己信心不足，总是不敢大胆地表现自己。有时候，我们不敢学外语，不敢下水学游泳，不敢在台上唱歌，不敢换工作，不敢创业，不敢投资，这种种不敢，其实都是我们自己给自己设下的无形障碍。

要对付怯懦，最有效的方法就是行动。

你可曾攀上过高处去刷屋檐吗？你攀登梯子时，上了一半，便开始担心梯子是否结实，架得是否稳当。你停下来紧抱着梯子，不敢上下望，两腿莫名其妙、无法控制地发抖。

最后你克服了那一级，缓缓地一级一级爬上去，终于到了梯顶。可是你仍两手紧抓梯子，以保性命，又怎能腾出手来刷漆呢？但你最终还是办到了。你战战兢兢地开始工作。天色晴朗，阳光灿烂，油漆刷在干燥的木板上立即干了。你吹着口哨，心情开朗，积极地把工作做好，同时也忘记了那高度。

当你遇上害怕做的事情时，只要敢试一试，就会觉得并没有什么，也没有你原先想象的那么可怕。

怕了一辈子鬼的人，一辈子也没见过鬼，恐惧的原因是自己吓唬自己。世上没有什么事能让人真正恐惧，恐惧只不过是人心中的一种自设的障碍罢了。不少人碰到棘手的问题时，就会习惯设想出许多莫须有的困难，这自然就产生了恐惧感，然而当你碰到事情大着胆子去干时，你就会发现事情并没有自己想象的那么可怕。

孟列·史威济非常喜欢打猎和钓鱼，他最喜欢的生活是带着钓鱼竿和猎枪步行50英里（80.5千米）到森林里，在森林里住几天以后再回来，虽然每次都筋疲力尽，满身污泥但他却快乐无比。

这类嗜好唯一不便的是，他是个保险推销员，打猎、钓鱼太浪费时间。有一天，当他依依不舍地离开心爱的鲈鱼湖，准备打道回府时突发异想：在这荒山野地里会不会也有居民需要保险？那他不就既可以工作又可以在户外逍遥了。结果他发现果真有这种人：他们是阿拉斯加铁路公司的员工。他们散居在沿线50英里各段路轨的附近。他可不可以沿着铁路向这些铁路工作人员、猎人和淘金者销售保险呢？

孟列在想到这个主意的当天就开始了积极计划。他向一个旅行社打听清楚以后，就整理行装。他不肯停下来让恐惧乘虚而入，因为在他看来，自己吓自己的结果就是使自己觉得自己的主意很荒唐，以为它可能失败。他不左思右想找借口，他只是搭上船直接前往阿拉斯加的“西湖”。

孟列沿着铁路走了好几趟，那里的人都叫他“走路的孟列”，他成为那些与世隔绝的家庭最欢迎的人，不仅因为没有人愿意跟他们打交道，还因为他是第一个来向他们推销保险的人。同时，他也代表了外面的世界。他还学会理发，给当地人免费服务。他也无师自通地学会了烹饪。由于那些单身汉吃厌了罐头食品和腌肉之类的食物，他的手艺当然使他成为最受欢迎的贵客。而在这同时，他也正在做自然而然的事：徜徉于山野之间、打猎、钓鱼，并且像他所说的——“过史威济的生活”。

在人寿保险事业里，对于一年销售出100万元以上保险额的人设有光荣的特别头衔，叫作“百万圆桌”。在孟列的故事中，最不平常且使人惊讶的是：在他把突发的想法付诸行动，动身前往阿拉斯加的荒原以后，他在一年之内就做成了百万元的生意，因而赢得“圆桌”上的一席地位。

当一个人在行动之中将自己的积极性全部调动起来的时候，他几乎可以达成自己想要达成的一切目标。

有些穷人之所以不敢动，是怕自己不行。那么这种念头又是从何而来呢？在生活中，由于自己碰过壁，或者由于别人不断向你灌输某种“你不行”的理念。本来颇有能力的人，就容易产生“四面八方都通不过”的感觉，最终干脆放弃努力。

应该警惕：所谓“事实证明我不行”，不过只是几次偶尔的挫折和失败，它们并不能代表生活的全部，更不能代表你永远失败。你完全可以通过改变外在条件，或提高内在能力，否定“事实证明我不行”。多试几次看一看，说不定你会创造你原来想象不到的奇迹。

现在就做，行动力决定竞争力

> 成功不是想出来的，也不是说出来的，而是做出来的，是在行动中才能产生的。一切方法、意愿只有在行动中才能发挥指导和辅助的作用，没有行动，一切都是幻想罢了。分析和准备本身都不是目的，我们的目的是要实现自己的人生目标，千万不可本末倒置，一味准备，却迟迟不展开追求目标的实际行动。

说到致富，不必只想到遥远的名人，就是在我们身边，也有许多比我们会赚钱的人。他们也许并不比你有智慧，也不比你有能力，可是他们却已经取得了初步的成功，可以算是一个上了轨道的“1”了，而你却还是空空的“0”。这里面的原因是什么呢？

假如你具备了知识、技巧、能力、良好的态度与成功的方法，懂得比任何人都多，但你还是有可能不会成功。因为你必

须行动，一百个知识不如一个行动。

一位商界成功人士说：“我从小到大都不是一个品学兼优的孩子，但我从不因此就放弃自己，凡是遇到困难、挫折的时候，我就告诉自己，要乐观点，明天就会好的。我认为什么事情都应该尝试一下，无论如何先做做看，这样，成功的概率就会大得多。”

行动的结果是获得更大的热忱。历史一再证明，在热忱的驱使之下，你的人生会变得更伟大。当你热忱地起床，热忱地吃早餐，你在这美好的一天里将会大有作为。

一天只是人生的一小部分，但是你只要有许多美好的一天，你就会有一个美好的生命。这也会使你的家人和朋友获益，因为热忱比感冒还容易传染。一旦你怀着热忱去行动，你的竞争力就会大幅提升。

汤姆·霍普金斯是全世界单年内销售最多房屋的地产业务员，平均每天卖一幢房子，至今仍是吉尼斯世界纪录的保持者。

同时，他也是一名推销训练大师，接受过其训练的学生在全球累计超过500万人。

当他的事业迎来辉煌的时候，很多人都期盼得到他的成功秘诀。

一次，有一个人问汤姆·霍普金斯：“请问您成功的秘诀到底是什么？”

他说：“马上行动！”

“当您遇到困难的时候，请问您都是如何处理的？”

他说："马上行动！"

"当您遇到挫折的时候，您都是如何克服的？"

他说："马上行动！"

"在未来当您遇到瓶颈的时候，您要如何突破？"

他说："马上行动！"

"假如您要分享您的成功秘诀给全世界的每一个人，那您要告诉他们什么？"

他说："马上行动！"

一个人如果不懂得马上行动，光是制订策略，却不见行动，那么他是很难有所作为的。

在现代社会，成功不仅需要行动，而且需要快速行动。行动慢，等于没有行动。你只有快速行动，立刻去做，比你的竞争对手更早一步做到，你才会有成功的机会。

有两位学生同时报考某教授的博士生，可是教授只有一个名额，于是教授就给他们出了一道题目，两位学生同时做完了题目。过程都很精彩，结果也一样正确，难分伯仲。教授思考了一下，选择了其中一个。

另一个很不服气地问教授："为什么没有选择我？"教授指着做题目开始的时间说："题目是我上周五下午布置的，他是上周五下午四点开始做的，而你是周一开始做的。我之所以选择从周五下午四点开始做题的他，是因为我认为一个立刻开始行动的人更具竞争力。"

成功与不成功之间的距离，并不像大多数人想象的是一

道巨大的鸿沟，它们的差别只在一些小小的动作：走路的步子再快一点、多打一个电话、多做一次尝试。我们要记住："现在"就是行动的时候。行动可以改变一个人的态度，因为凡事都不去行动，就不会知道自己的智慧和能力。而采取了行动，你的潜能就会随着行动而发挥作用，辅助你由消极转为积极，让你在每天的行动中都能享受到成就带来的满足。

越是拖延，越是意志消沉

拖延不仅仅意味着你没有良好的行事作风，它还可能使我们整个人都处于一种消沉懒散的状态之中。你等待的时间越长，面临的困难就会越多，最后大部分的计划都将不了了之。对于穷人，拖延的习惯使其从慢一小步，到慢一大步，最后与富人的距离越拉越远。

成功源于积累，对于正要脱贫致富的穷人更是如此。从坐吃山空到拥有自己的工作，从给人打工到自主创业，从见缝插针、小打小闹的小商人到站稳脚跟成为真正的富人，这中间每跨出的一大步，都是由无数的一小步组成的。行动造就了富人，而遇事每每去拖、去等的人，时光流逝，等混到两鬓斑白时，"穷人"二字就在你身上定了格。

要知道，拖延不仅仅意味着你没有良好的行事作风，而且它直接关系着我们所能取得的最终成就。

“现在”这个词对成功而言妙用无穷，“现在就做”不仅能够体现出行为人的充分自信，也能够体现行为人重视行动的处事原则，奉行这一原则的人，没有几个是不成功的。而“明天”“下个礼拜”“以后”“将来某个时候”或“有一天”，往往就是“永远做不到”的同义词。有很多好计划没有实现，只是因为应该说“我现在就去做，马上开始”的时候，却说成“我将来有一天会开始去做”。

人都是很软弱的，遇到新的问题时，总是在想“今天实在太累、太苦、太疲、太倦了，明天再来做吧！”有这种想法的人很多。但是把事情拖延到明天，这是不行的，因为可能明天也是做不到的，而且明天还有明天的新工作，所以这样累积下来的工作就会越来越多，越来越完不成。

在生活中，一旦我们有了某种想法的时候，应该以最快的速度付诸行动，把偶然的灵感，经营成实实在在的可以赚钱的机会。

一天黄昏，日本三洋公司的创始人井植熏在马路上骑车，因为他的自行车车尾没有安装反光板而被警察严厉地教育了一番。回来的路上，井植熏不断地回想着警察的话：“这是法律规定的，这是法律规定的……”突然，一个想法出现在他的脑海中，真要是这样的话，那可就是一桩好买卖呀：全国大约有1000万辆自行车，如果每辆自行车都需要反光板，那么这个市场太大了！他想起在三洋的车间里，还堆放着大批的钢片边角料，以往这些边角料都是当废品卖掉的，若是用它们来生产自行车车尾反光板的底板和边框，真是再合适不过了。这个想法一出现，他便立刻采取了行动。第二天，他打电话到东京，询问红色玻璃的价格。然后粗略地估算了一下成本，大约每个反光板需要18元，而当时市面上出售的用黑铁皮做的反光板价格是28元，他完全有占领市场的优势。

很快，三洋生产的钢框反光板面市了，并且很快超过了马莫尔、松下等老牌子，几乎独占了整个反光板市场。三洋公司也因此逐渐发展壮大起来。

拖延导致低效，是一种影响工作效率的糟糕习惯。不管多么美好的目标、多么伟大的计划，常常都会因为拖延的习惯而无声无息地消失。无论做什么，你至少要先起步，才有可能到达高峰。一旦起步，继续前进便不太困难了。工作越是困难与不愉快，越要立刻去做。你等得越久，就会变得越困难，越可怕，这有点像第一次站在游泳池的跳板上准备跳下去一样，你等得越久，担心和害怕就变得越多。

在应该做事的时候，许多人依然像没上发条的闹钟一样，一直紧张不起来。时间一长，最初的热情和已经花费的精力都将在消极等待中消磨殆尽，你不但会损失眼前的机会，还会影响到你的长远规划。

想要消除拖延习气，最有效的办法是逼迫法，也就是决定要做一件事的时候，立即动手，绝不给自己留一秒钟思考的余地，千万不能让自己拉开和惰性开战的架势。对付惰性最好的办法，就是不让惰性出现。在事情的开始，总是先有积极的想法，然后当头脑中一出现“我是不是可以……”这样的问题，惰性就出现了，战争也就开始了。一旦开战，结果就难说了。所以要在积极的想法一产生的时候，就马上行动，那么惰性就没有乘虚而入的可能了。

西方有句格言：“任何时候都可以做的事情往往永远都不会有时间去做。”所有的梦想都会被消磨，都会被湮没在日常生活的琐碎之中，或者在懒散消沉中流逝。如果你的头脑出现了任何一种好想法，那么请你马上开始行动！

希望永远只靠自己来争取

对于穷人，能够获得外部的帮助只是一时的幸运，如果从长远来看，外部的帮助常常又是祸根。成功是自己干出来的，依赖性强、好逸恶劳的人最终都会失去成长的机会。

生活中有很多穷人一直在等待，他们隐约觉得，会有什么东西降临在自己身上，会有些好运气，或是会有什么机会发生，或是会有某个人来帮他们，这样他们就可以在没有充分的准备和充足资金的情况下为自己获得一个好开端，或是继续前进。于是他们为生活打拼的动力就显得不那么足，时刻等着那

个被称为“运气”“发迹”的神秘东西来帮自己一把。

虽然我们在生命旅程中，常会有陷入各种危机的时候，但要想摆脱这些危机，不要总想着依靠别人，或者奢望富人能够施舍一些东西给你，那只是暂时的帮助，治标不治本，要想彻底摆脱贫穷，还要靠自己，要学会自己拯救自己。

力量是每一个志存高远者的目标，而乞求命运、依靠他人只会导致懦弱。力量是自发的，不是依赖于他人。坐在健身房里让别人替我们练习，我们是无法增强自己肌肉的力量的。同样，一个人做事的能力，也需要从现实中逐步锻炼出来。

陈嘉毕业于广东一所著名大学的中文系，他的理想是做一名优秀的编辑。所以毕业后求职时，陈嘉满怀信心地将自己的简历投递各大报刊，但是连面试的机会也很少能争取到，有很多主管人员委婉地表示，他们并不需要没有丝毫工作经验的新人。

就在陈嘉陷入困境中时，一家杂志要招兼职校对。那天，看到消息后，他便急匆匆打电话赶去应聘。那位负责招聘的女编辑告诉他这只是一个临时性的活儿，因为杂志社举办了一次征文活动，来稿量大，又要评选，加上结集成书，人手不够，需要找一个人帮一下忙。然后，她问他有什么条件。经受许多次打击，他没敢要价，只说听安排就行了。也许见他诚恳老实，那位女编辑当场录用了他。

他真是高兴到了极点。然而做校对的第一天，他就真正体会到了挣钱是多么不容易。原以为一篇稿子变成铅字，是一件十分轻松的事情，却没想到，还要经过那么烦琐的一道道工序。从一审、二审、三审，从一校、二校、三校，其间录入，排版……一直到进入车间印刷，装订。他一边干活，一边听着女编辑介绍情况，一点一点体会到做编辑不是想象中的那么简单。

两个星期后，他的第一份临时性工作结束。从女编辑那儿接到沉甸甸的700元时，他心里异常激动。在这段短暂的时间里，他学到了许多东西。例如，懂得了怎样向报刊投稿，怎样给报刊写稿，而不是像以前那样瞎猫撞死老鼠。

有了这次宝贵的经验，他对自己更有了信心，他买了一辆旧自行车，经常在图书馆查找报纸、杂志、出版社、文化公司的联系方式，然后去打听是否有临时性的活儿。这招儿还真管用，之后，他又不断干了几种不同性质的工作，例如在一家报社做一个交流会的临时工作人员，在一个文化公司做一个培训班的接待人员，在一家出版社做一本书稿的校对工作。一个月下来，他又接了四五次活儿，大概挣了1500元。

不久，他投给那位女编辑的稿子也被采用了，这是他第一次发表文章，从此以后，他不断向各种报刊投稿，成了一位业余撰稿人，每年在报刊上发表几十篇文章。而且，由于同一些出版社编辑认识，便逐步懂得了策划、撰写书稿，陆续出了十几本书。

决心获得成功的人都知道，进步是靠一点一滴不断地努力得来的。例如，房屋是由一砖一瓦堆砌成的，足球比赛的最后胜利是由一次一次的得分累积而成的，商店的繁荣也是靠着一

个个的顾客在不停地购物过程中而成的，所以每一个重大的成就都是一系列的小成就累积成的。

踏踏实实地做下去是实现任何目标唯一的聪明做法。对于那些刚开始做自己事业的人来讲，不管被指派的工作有多么不重要，都应该看成“使自己向前跨一步”的好机会。有时某些人看似一夜成名，但是如果你仔细看看他们过去的历史，就知道他们的成功并不是偶然得来的，他们早已投入无数心血，为自己打好坚固的基础了。那些暴起暴落的人物，声名来得快，去得也快。他们的成功往往只是昙花一现而已，因为他们并没有深厚的根基与雄厚的实力。

每一个成功人士都有着不同的奋斗历程，但在这些历程中有一点是相同的，那就是他们曾经都付出了辛苦，经历了等待。肯干就是成功，患得患失，拈轻怕重，就会失去成长的机会，受苦是成功与快乐的必经历程。我们从没听说过某个习惯等待帮助、等着别人拉扯一把、等着别人的钱财或是等着运气降临的人能够真正成就大事。

穷人不必抱怨命运没有给自己机会，而是应该检讨自己是否付出了可以让命运垂青的努力。你想要成功，但没有行动一切都是空谈。在一个可以触到底的浅水池里是无法学会游泳的，而在一个很深的水域里，就会学得更快、更好。依赖性强、好逸恶劳是人的天性，而只有“迫不得已”的形势才能激发出他们身上最大的潜力。如果你决定依靠自己，独立自主，那么你就会变得日益坚强。

对于穷人，能够获得外部的帮助只是一时的幸运。如果从长远来看，外部的帮助常常又是祸根，没有经过磨砺的双脚会得软骨病，当靠人靠不住的时候，自己也无法行走的人只能独自吞下这枚苦果。

做生意，更要踏踏实实去做

> 穷人看富人，容易看到他们戴花的荣耀，却少见他们种树的艰辛。其实富人的崛起，也来自他们艰辛的付出，既要付出智慧，也要付出汗水。成功的捷径一直就在我们身边，那就是勤于积累，脚踏实地，想投机取巧是不行的。

在致富的道路上，富人是先行一步的人，穷人作为后来者，向富人学习，这是毋庸置疑的。我们要解决的问题是：穷人要向富人学习什么？

有些人意识不到富人的头脑、眼光、胆识和做事态度才是他们致富的武器，他们所看见的，只有富人的派头，富人的生活。他们以为做生意就是从银行获得融资，开一个装潢得富丽堂皇的店铺，然后坐等顾客上门。日常事务，有服务员，有会计，自己只需要坐在办公室里指挥一下就行了。

由于这种风气的熏陶，穷人误以为做生意的门槛很高，问

题很多。什么没有开店的本钱没法做生意啦，什么找不到可以便宜进货的批发商、雇用推销员没有什么利润啦……都是一些以为做生意就是要一步到位的错误观念。

其实那些真正具备商业头脑的人，并不挑剔时间、场地，他们给自己搭建起平台，可以随时展开自己的商业计划。

培德刚到公司不久，就认识了安多里尼太太。安多里尼太太是公司的一名清洁工，一个四十多岁、已经发福的女人，手脚勤快，嘴巴也像抹了油似的整天说个不停，逢人就搭讪，好在她并没有来烦培德。

一天，同事们一起聊天，一位同事突然感叹道：“我们连安多里尼太太都不如啊！”见培德十分诧异，她又说：“你猜她每个月能赚多少钱？”

一个清洁工，薪水再高能高到哪去？培德心想。同事伸出四根指头。培德点点头：“4000美元呀，那是挺厉害的。”“什么4000美元？是4万美元！她每个月至少可以赚4万美元！”

“不会吧？”培德惊讶得眼珠子差点掉下来。

“她自己跟我说的。安多里尼太太还说，做清洁工只是一个平台。我觉得她完全可以做一个CEO了！”

同事告诉培德，安多里尼太太借着到公司做清洁工的机会，打听公司里谁需要找钟点工，谁需要租房子，然后就当起了中介，收取一定的中介费。安多里尼太太还自己买了一套房子，并以一万美元的月租费把这套房子租给了一个韩国公司的总裁。“那个总裁是个韩国人，听说不会说英文。都不知道安多里尼太太是怎么说服他租她的房子，而且还是那么高的房租。”同事感叹着，“我们学过了西班牙语、德语，但有时候还和别人沟通不好！”

安多里尼太太借清洁工这个平台延伸出的另一项业务是卖保险。公司的一个同事，就跟她买了好几万美元的保险。安多里尼太太虽然仅仅是一名清洁工，但是她整合资源的能力比任何一家公司的CEO都不差——她能够非常敏锐地发现利润的来源，寻找适当的客户，选择合理的沟通方法以及适时地转变经营项目。

我们要做生意，完全可以从背包袱、挨户推销开始。不必要店面，不必要办公室。有点资本，买辆平板车就足够了，从这个起点开始，培养自己的商人本性，那么未来的大商人、大赢家可能就是你。

现实生活中，人人都有梦想，人人都渴望成功，都想找到一条成功的捷径。事实上，真正的捷径就在我们的身边，那就是勤于积累，脚踏实地，想投机取巧是不行的。

财富要靠人创造，金钱不会直接从天上掉下来。没有什么东西是唾手可得的，除非它本身并无价值。富人们的发家史，也凝聚着他们的汗水，他们曾经也一贫如洗，也吃过苦，受过罪，然而他们最终崛起！

“做”即行动，这是成功人生的起点，因为成功来自身体力行。相反，无论你有多么美好的目标，多么缜密的计划，如果你不行动起来，成功之门永远不会向你自动开启。

第 09 章

突破思维化解危机：成功与危险总是相伴相生

墨守成规，这是一种看似安全其实充满潜在危机的生存方式。在风险面前缺乏勇气的人，迟早会被时代所抛弃。在现实中，没有谁是天生的强者或懦夫，胆识同样也来自锻炼。如果我们能抱着失败无亏、大不了赤手空拳重新再来的心态，那么，不安和疑虑就会减至最低，我们就能拿出勇气继续奋斗下去，致富的机会就会大大提高。

冒险能获得成功，但冒险并不是莽撞和胡干

> 别人在某个领域成功了，不代表你在这个领域也能成功；你是某个公司的好职员，不代表你就能独立复制一个同类的公司。创业考验的是一个人多方面的综合能力，盲目下海，可能会被碰得头破血流。

古人高呼“王侯将相，宁有种乎？”期待能颠覆旧秩序，成为新贵族；现代人高呼“天下财富，宁有主乎？”渴望能痛痛快快地拼搏一把，成为下一轮的富人。

“现在当老板”的言论深入人心，振臂一呼，响应者如云，哪个穷人不希望自己的日子马上发生根本性的变化？当有人在墙壁上凿了一扇门的时候，大家都以为真正的光明就在眼前了，所以不管它多窄，也不惜代价地往前挤，好像过了这一关，前方就是一片通途。要是事情这么简单，世间也就没那么多贫富强弱的分化了。不要以为别人在某个领域成功了，我们照方抓药，也必定会成功。这种盲目性，不仅缺乏对事物的独立分析和判断，而且也蕴藏着极大的风险。静下心来想一想，即使同样的事情，不同的人去做，也会有不同的结果。每个人的素质、条件、思路、做法都不尽相同，怎么能保证产生同样

的结果呢？

还有一些穷人们，因为在某个行业干过，觉得已经熟悉了公司的运作，就以为可以另起炉灶，开创自己的事业了。当然这是一件好事，但是给人打工和自己当老板是完全不同的，如果你还没做好全面的准备就轻易涉足某个领域，充其量也只能算个有勇无谋的愣头青罢了。

一个人从零开始，或从做工、做学问到经商，是一个很大的飞跃，二者在许多方面都是截然不同的。就拿给人打工和独立经商来说吧，做工时你除了要认真地搞好自己担负的那份责任外，一般不用为企业的规划、发展，技术设备的改造更新等一系列棘手的问题伤脑筋。只要你按时上班，完成了任务，公司每月就必定会按时给你发工资。而经商则是另外一回事了。当你只是个小职员时，如果还没有想到下一步要做什么时，老板会立刻告诉你。而在个人企业中，你必须每时每刻都要有新的计策，绝不能有丝毫的惰性。有时候，你甚至要经历相当一段时间的失败和探索，才能找到一条适合自己的道路。

在创建三一集团之前，梁稳根在湖南洪源机械厂工作，因为国有企业的风格与自己的个性不合，于是他便与几个志同道合者“下海”成立了公司。

他们先是卖羊，后来又去卖酒，再后来感觉玻璃纤维很赚钱，又去搞玻璃纤维，但结果都以失败告终，几乎到了山穷水尽的地步。最后几个人坐到一起，反复讨论为什么会失败，最后发现贩羊、做酒和玻璃纤维都不是自己的长项。要想获得成

功，还是要在自己熟悉的领域寻求突破，于是他们决定做金属材料，总算将一艘快要沉在商海里的小船稳定下来。

即使是不折不扣的成功人士，在他们的创业过程中也不可避免地要经历一些“不成功阶段”。作为后来者的穷人，在做出“自己当老板”的决定之前，更应该做好全面的心理准备。

首先你要问自己：能不能顶得住失败的风险？看清楚冒风险所要预备付出的失败的代价，可以使我们的头脑更清醒，一旦真正面临危机时，也不至于惊慌失措。

在财务方面，一旦投资失败，可能血本无归，甚至欠债累累。

在职业方面，自主创业的人需要放弃稳定的收入、升迁的机会。如果创业失败，做回原来的工作，更会损失年薪。若转做其他工作，多年累积的工作经验可能派不上用场。

在情绪方面，创业者需要长期面对巨大的工作压力、可能失败的压力，长期在高度紧张的状态下工作。

创业的目的，总是以追求利润为原则，所以无论是抱着现实、理想，甚至梦想的态度来经营事业都未尝不可，但不能将经营计划过于单纯化。正确的创业态度不应该避讳失败，这不是吓唬那些创业者们，而是说凡事都应该以知己知彼为原则，避免那种冒冒失失的蛮干。

安于现状，就别指望获得大量财富

在我们的一生中，大概每个人都有福星高照、鸿运当头的时候，但很少有人能抓住机会，变成真正的富翁。很多人之所以一辈子默默无闻，穷困潦倒，从根本上讲，就是他们的心底畏惧成功，主动放弃了选择的权利。

我们每个人在一生中能否取得成就，与他是否拥有“成功欲望”有着很大的关系。如果你住茅草屋就满足了，那么你一辈子也不会拥有花园洋房；如果你当小职员就满足了，那么你永远也不会升到独当一面的位置。很多人之所以一辈子默默无闻，穷困潦倒，从根本上讲，就是他们的心底害怕成功，因而不敢选择成功。

也许，他们刚刚成年时，确实非常向往成功，向往财富，他们会制订一些计划并积极工作。但是在奋斗一段时间后，他们的工作阻力就会慢慢增加。为了更上一层楼所需的努力似乎也更多。他们觉得这样下去实在不值得，所以放弃努力，变得自暴自弃。他们会自我解嘲：“我对现在的生活很知足，我是个平凡的人，也不想发什么大财了。”于是，他们省吃俭用，一辈子受苦。

你还不明白为什么会有这么多人一直在闹穷吗？他们没有想通，是他们自己甘于过穷日子。他们没能认清自己有选择的权利。

戴尔·卡耐基曾干过许多类型工作，但都没有非常出色的表现。他到汽车公司推销汽车，工作依然没有调动起他的激情。他在推销时，只是像背书一般把汽车的性能、价格、优点等说一遍。一天，一位老人来看车，卡耐基又把他常背的“汽车推销经”背了一遍，老人听完后说：“孩子，你这样推销，怎么能吸引到顾客呢？”

老人的话让卡耐基受到了触动，他和老人攀谈起来，卡耐基告诉老人：“我也有自己的梦想，我想当一名作家，因为我有这方面的才能，但怎么也下不了决心。”

老人说：“为什么不去做呢？写作也是可以赚钱的。”老人一口气说出了好几位作家的名字，并列举了几本销量超过100万册的图书。

“可是，老先生，我不敢放弃我的工作，虽然我干得很不出色，但这样的工作至少可以让我稳当地赚钱和生活。”卡耐基解释道。

“为什么你要让你的才能迁就你平淡的生活呢？你应该从事能让你发挥才能的事业，虽然有风险，但如果你确实有这方面的能力，你又何愁不成功呢？至少你应该试试，否则你会抱憾终生的。”老人说。

老人的话让卡耐基茅塞顿开，是的，虽然辞了工作去开创新的事业会有一定的风险，但如果自己确有某方面的才能，那一定会比从事那些并不喜欢的工作要成功。于是，卡耐基辞去了现在的这份工作，走上了另外一条完全不同的路。后来，他以独特的见解、开放的教学方式授课，改革了成人教育方法，越来越多的人来听他的课，买他的书，卡耐基的才能也得到了充分发挥。

不少人总会发出虽然有才能但没有得到发挥而一生平淡的感叹，其实这正是因为我们缺乏像卡耐基那样的胆识。我们总喜欢过简单、没有风险的生活，而这往往是扼杀人们才能的一把利刃。独立开创一份事业肯定会有风险，但让自己的才能迁就平淡的生活是更大的风险。

雷·克洛在1937年开始自己做生意，担任一家推销混乳机的小公司的头头。混乳机是一种能同时混合拌匀五种麦乳的机器。1954年，雷·克洛在加利福尼亚州圣伯纳地诺城发现了一家小餐厅，老板是麦当劳兄弟——马克和狄克，他们要买8台机器。从没有人一下子买那么多，于是克洛决定亲自去看看麦氏兄弟的工作。他到了圣伯纳地诺城，马上看出麦氏兄弟已经踏进了一座金矿——顾客们为了能买到他们的牛肉饼而不惜排队抢购。

克洛问麦氏兄弟为什么不多开几家分店时，狄克摇摇头，指着附近的小山坡："看到上面那幢房子了吗？"他说，"那就是我的家，我喜欢那边。如果我们开了连锁餐馆，就永远不会有闲暇回家了。"

于是克洛看到他的机会来了，而且他立刻把握住了。经过他的请求，麦氏兄弟很快就答应给他经销权在全国各地开分店，条件是抽取利润的5%。克洛专心致志地干了起来。

克洛拥有的第一家麦当劳餐馆于1955年4月15日在芝加哥郊区开张，第二家于同年9月在加利福尼亚州雷萨达市开业。后来增设分店的速度越来越快，到1960年，一共有280家麦氏餐厅分设各地。1968年前，每年大约有100家麦当劳餐馆陆续开张，以后更增到每年200家以上。

1961年，克洛以270万美元向麦氏兄弟买下所有权——包括名号、所有商标、版权以及烹饪处方。自此以后，他跟这两位兄弟就很少联络了。克洛说："他们比我年轻，可是他们已经歇手了。我可不能抛锚，当你年轻的时候只要能奔，就得前进，到你老了，一停手就会僵化。"

作为麦当劳的董事长兼首席主管，雷·克洛说："我们需要的是把全部力量都投到事业中的人，如果他的野心仅止于养家糊口，过得安适悠闲，麦当劳就不需要他。"

机遇面前，人人平等。在我们的一生中，大概每个人都有福星高照、鸿运当头的时候，但很少有人能抓住机会，变成真正的富翁。这里面最主要的原因，就在于他们的头脑里有许多负面的障碍。事实上，成为富翁是一场智力游戏，成功者会时刻留意身边的有利机会，他们相信，风险愈大，机会愈大。他们会衡量风险与利益的关系，一旦确信利益大于风险，就会义无反顾地投入到这项事业中去。

有胆有识，才能化险为夷

有识没胆，那是坐而论道的懦夫；有胆没识，那是有勇无谋的莽汉。真正具备成功素质的人，从来都相信命运是靠自己掌握，他们敢冒风险，但他们同时也时刻都在研究自己下一步的发展规划。

那些赤手空拳打天下，并最终确立了自己富人地位的人，大都是一些敢作敢为的冒险者。人生要想取得成功，必须要有胆量。胆子有多大，路子就有多宽。

胆子是成为富人的条件之一，但在创造财富的过程中，仅仅是胆子大还远远不够。和“胆量”相匹配的是“识见”，也就是说要想脱贫致富，不但在于“看准了就去做”，更重要的是要“看得准”。这就包括了要看准潮流形势，看准事物的发展方向。

真正具备成功素质的人，从来都相信命运是靠自己掌握的，他们敢冒风险，但同时也时刻在研究可能出现的后果。他们做他们所能做的一切，以提高获取回报的可能性。他们认真准备、制订计划，以获取成功。

那些有做大生意素质的人，头脑里有三个重要问题必须是非常明晰的：我现在的位置在何处；我下一步的发展规划是什么；我将如何做到这一点，何时做到这一点。有了明确的商业计划，在经营的过程中，才可以避免那种被客观环境、外部影

响牵着鼻子走的盲目性。

对于富人，赚钱是大胆决策和自己用心经营后的必然结果，而绝非误打误撞的“大运”。在他们大胆果断的“冒险”背后，是深谋远虑的筹划与安排。

1959年，金庸35岁，抵港已有11年。他对自己这段时间的作为做了一个总结：

北上投效外交部失败；

婚姻失败；

唯写作武侠小说成功。

把这几件事综合起来看，写武侠小说应该是自己应该走的路。但是，在金庸看来，写武侠小说毕竟只是“副业”，在别人看来也许是成功的，但自己始终难抒己愿。而最让他难受的是，作为主业的编辑行业却因《大公报》的工作作风而使自己难以尽情施展抱负。那么，下一步自己该怎么走？

在别人看来，金庸坚持以写武侠小说作为主要的事业也是很不错的。但金庸却选择了一条充满风险的行业：办报。

在香港有这样一句俗语：假如和人有仇，最好劝他办报，意指办报的风险极高。但金庸已经决定自立门户，说干就干！1959年5月20日，日后声名斐然的《明报》正式创刊了。

选择一项全新的、从未有过经验的行业自然有许多难处，对金庸来说也不例外。《明报》创刊之始即苦苦支撑，困境时甚至只剩下包括金庸在内的两人，许多人都断言：《明报》不出半年即倒闭。但出人意料的是，《明报》不但支撑了下去，而且销量渐有上升，甚至一步步打开了局面。

武侠小说作家站出来办报，旁观者会为金庸的胆量喝彩，以武侠世界的观点讲，他是一位敢作敢当的勇者。其实在金庸先生自己看来，这背后未必没有谋略的支撑。应该说金庸对办报是有所准备的。这次重新选择事业，金庸吸取了北上求职失败的教训，事先估计了各种可能的情形。十来年的经历一方面为他增加了不少经验，另一方面也使他有了一定的积蓄，用作启动资金是没有问题的。为了刺激报纸销量，以前给《大公报》等写的国际政治述评可以转在《明报》上进行发表，而给《新晚报》等的连载武侠小说更是抢手货。另外，针对香港市民的爱好，《明报》专门开辟了娱乐版面，这也可以吸引一大批读者。即使是办报失败了，自己仍可以从事翻译和武侠小说的写作来维持生活，自然，这是最坏的打算。

有了这样细致的前期准备，放心大胆地去选择自己的新目标当然是没有问题的。

人生是一场长途的跋涉，我们自然可以冒险选择距离成功最短的路径，但是你一定要看清方向，带好必需的装备。

你想登上顶峰，总要承受危险

一提到“冒险”，人们就会自然联想到各种危险的恶

性结局。将“冒险”同“危险”等同起来的思维定式，其实是一种错误思维。冒险其实是在现实环境中独立思考、自己为没有答案的问题找到答案。敢于承担风险的人改变着这个世界，几乎没有不冒风险就变富的人。

什么是风险？风险是可能发生的危险和灾祸，在追求财富的过程中，风险就是创造不出利润或干脆连投资都赚不回来。冒风险是知道有失败的可能，但要坚持掌握一切有利因素，去赢取成功。

风险存在的原因是形势不明朗。若成功与失败清楚地摆在面前，你只需选择其一，那就不算风险。但当前面的路途不甚明朗，你跨过去时，可能会掉进陷阱、深谷里，但也可能踏上一条康庄大道，实现自己的预期目标。于是，风险便出现了。

前进或止步，你要做出抉择。前进吗？可能会跌得粉身碎骨，也可能会攀上高峰。止步吗？也许相对安全，但也许会错过大好良机，令你懊悔不已。

创业的风险是很高的，但只要你能坚持学习，不断努力，那么在冒险中寻求事业的回报则完全有可能。一位富翁指出：“伟人经常犯错误，经常要摔倒，但虫子不会。因为，它们要做的事情就是挖洞和爬行。”敢于承担风险的人改变着这个世界，几乎没有不冒风险就变富的人。

如果你留意观察，就会发现过于谨小慎微的投资者是不可能获得巨额财富的。唯有具备极强的开拓精神、冒险精神的投资者才能使世界发生翻天覆地、日新月异的变化。

从中国台湾宜兰公司发迹，到大陆发扬光大，再到新加坡上市。旺旺控股公司董事长蔡衍明，从街头培养出敏锐的生意嗅觉与智能，开拓出世界第一大米果集团版图，缔造了个人10亿美元身价的旺旺传奇。

蔡衍明19岁从父亲那儿接手宜兰公司的时候，出师不利，赔掉了大笔金钱，沉重的财务压力使他被周遭的人看不起。但也因为没有退路，逼出了蔡衍明的街头斗犬性格。他到处筹钱，打算东山再起，终于靠加工米果获得了第一桶金。在中国台湾站稳脚跟之后，蔡衍明便把目光投向了大陆。

20世纪90年代初期的中国大陆还是一个相对封闭的市场，就连上海的台商也很少，但蔡衍明居然一跑，就跑到湖南长沙。一开始，蔡衍明通过大型的“郑州糖酒会”，向大陆消费者推广这种甚为罕见的米果产品，一周内接到高达三百多个货柜的订单，工厂赶工生产后，却没人依约拿现金来领货。眼见几百万包的仙贝即将过期销毁，蔡衍明咬着牙，将旺旺仙贝分送给上海、广州、南京、长沙等地的各级学校，从小学生到大学生几乎人手一包。没想到，学生试吃后反应良好，无意间为蔡衍明培养出了坚实的顾客基础。有了好的顾客基础，接下来的销售自然畅通无阻，湖南长沙厂投产第一年就赚了一大笔。这份好成绩，也吸引了众多竞争者，“康师傅”决定跟进，就连中国大陆都有两百多家小厂纷纷跳进市场。竞争，让1千克

米果的售价从人民币50元降至30元。在这种情况下，蔡衍明推出四个副品牌的低价米果应战，并将1千克米果的价格一口气杀到人民币5元。一条米果生产线就要投资上千万美元，但为了全面阻绝竞争对手，他砸下3000万美元，将生产线一口气扩充到10条，从而打了一场成功的阻击战。

非常时期，就是要以非常的手段才能取胜，这时候比的就是一个人的应变能力和冒险精神。日本趋势大师大前研一指出："现在的商业世界就像西部的开拓时代，大家都在新经济催生出来的新大陆上竞相开拓。这种混乱的时代最需要的，并非目前为止学校所培育出来的那种学院派营生者。而是能在现实环境中独立思考、自己为没有答案的问题找到答案的街头营生者。"蔡衍明无疑是最成功的街头经营者。

行进于人生漫漫的旅程，你或许有过许多次这样的体验：成功确确实实就在不远处跳着迷人的舞蹈，但是，当你想靠近它，它却退避了，不迎上来同你握手。你自己反而陷入莫名的泥潭，被泥浆溅了一身。

为什么会是这样？是世界不公平吗？是命运捉弄你吗？不是，至少不完全是。商界巨头们的共识是：不是因为别的，归根到底是因为你还没有经历过足够的失败的缘故。

尝试任何事，只有敢于冒险，敢于失败，并从失败中学到某些知识、某些经验，才有可能抓住通往成功的机会。

危机与机遇总是共存，化解危机便是成功

危机中往往蕴藏着巨大的转机，能够坚持下来的人，才是最后的胜利者。为了顺利渡过危机，寻找下一个突破口，我们需要有一种“居危思安”的思维方式，在危难中看到希望，在困境中自我安抚，在磨砺中设想未来。

有句歌词叫作“没有人能随随便便成功”，不论是穷人还是富人，在做事业的过程中，都难免要碰到波折险阻。不尽相同的，是他们在此时的表现。

许多人遇到工作或生活中的危机时，往往会变得消沉，或者说出“我算是完了”之类的丧气话，从而否定自己的未来。而成功者却与此正好相反，他们越是在这样的时候，越是把发生的一切事情向积极的方向去设想，在危机中找到转机并走向成功。在成功者的心目中，“一扇窗子关闭了，就会有另一扇窗子为我开启”“过去所有一切的结束，正是一个新目标的出发点”“这条道路不适合我走，所以上帝指示我向另外一条道路前进。”

2001年，在美国纳斯达克上市刚刚9个月的网易公司，遭遇到了前所未有的残酷打击，股价连连下跌，最终跌破一美元大关，只剩下53美分。当舆论感慨财富英雄丁磊瞬间沦为乞丐的时候，网易的部分员工也已经在考虑如何在新的主人到来之前走人。

在企业风雨飘摇、前途未卜的时候，每个人首先想到自

身的安危似乎无可非议。首席执行官走了，首席运营官走了，还有一些与网易一同成长的元老也走了……在企业最艰难的时刻，他们选择了逃离。

老天总是喜欢开一些不大不小的玩笑。当所有人都认为网易必死无疑的时候，丁磊却让它奇迹般地起死回生了。靠着对无线业务和网络游戏前景的准确判断和大胆抉择，网易神奇地赚到了大把钞票。网易的股票也开始扶摇直上，一跃而到了75美元，在人们还没有弄明白究竟发生了什么的时候，丁磊转眼间成了中国的双料首富，成为中国有史以来最年轻的亿万富翁。网易所有的员工都身价倍增，出现了一批新的百万元富翁。

昔日离开网易的那些人，此时面对节节攀升的股价，不由得连声叹气，当初的一念之差让他们与成功、财富失之交臂，一生中所能遇到的大好机会被他们亲手葬送掉了。

危机中往往蕴藏着巨大的转机，坚持下来的人，才是最后的胜利者。这一要靠毅力和勇气，二要明白否极泰来、物极必反这个道理。

以卓绝的勇气与坚持渡过危机，迎接事业的曙光，是非常之人获得非常成功的重要途径。如果你觉得做到这一点有些困难，也许下面的方法可以给你一些启示：

有一位成功的商人在接受专访时，记者问："据我了解你的事业越做越大，其中最重要的原因是你始终保持清醒的头脑，不管多么顺利，总能做到'居安思危'，是这样吗？"商人思索片刻后说："'居安思危'当然重要，不少创业者就是因为缺乏这种意识而从巅峰跌入低谷。但在我看来，‘居危思安’更重要。”

记者颇感新奇，接着问：“‘居危思安’这个提法还是第一次听说，您能说得更明白些吗？”商人笑着说：“你知道吗？许多的创业者之所以没能成功，不是因为缺乏勇气，而是因为缺乏乐观的心态。在遇到困境、危难时，他们苦苦挣扎、艰辛打拼，但结果还是不尽如人意。表面看来，他们很坚强，实际上心理已变得非常脆弱。而居危思安的人总能在挫折中保持乐观的心境，颇有一些‘阿Q精神’，再困难的时刻，他都乐于幻想美好的结局，许多智慧的火花都是在这种氛围中迸发出来的。”

而居“危”思“安”，绝非自欺欺人。在危难中看到希望，在困境中自我安抚，在磨砺中设想未来，这不但是一种乐观的大境界，而且还能在这种境界激励和“诱惑”下，变得灵活敏锐，进而寻找到一个通向胜利的突破口。

穷人致富，绝不是一件可以一蹴而就的事情，所以我们不管是遇到顺境还是逆境都属于正常。其实把一个人逼入死胡同的危急时刻，正是发挥他潜能的绝佳时期，我们完全可以换一种思维方式看问题，有可能会获得比以前任何时候都巨大的成功。

第 10 章

尽早理财：钱生钱更容易成功

人们投资理财的能力是在实践中长期锻炼出来的，并非一日之功，靠纯粹的理论更是解析不了瞬息万变的资本市场。所以我们的首要问题是更新观念，认识到理财的实质。有些穷人认为自己不了解市场，也不懂股票、债券这些投资方式，“投资”这个词对于还在为基本生活挣扎的人显得还有些陌生和遥远。其实正确的观念是：我要靠投资理财变富，而不是变富之后再投资理财。

理财越早，你就越早富有

越早开始投资，利上滚利的时间越长，时间充裕，所需投入的金额就越少，赚钱就越显得是一件轻松愉快的事。从另一方面说，趁年轻时先经历一些判断失败的磨炼，到了有钱时，便能发挥出准确投资的判断力。

时间是上天赋予我们每个人的宝贵财富，应该说世上没有一样东西在所有人面前表现得像时间这样平等。在投资理财上，许多人都抱着“船到桥头自然直”、得过且过的心态虚度年华，当他们发现别人的财富逐渐增长时，终于感觉到理财的重要性时，再起步已嫌太晚。

很多年轻人认为自己青春年少，且目前的收入又不高，没有多余资金从事投资，投资是中年人、老年人的事。因此年轻人流行的观念是：在年轻时尽情享乐，一旦有钱就购买高档家具、电器、跑车或出国旅游，怎么潇洒怎么玩。但这样做的结果是在透支未来，财富也就与你擦肩而过了。

穷人要致富，就要尽早投资，留出足够的时间等待收益。只要耐得住性子，将资产投资在正确的投资标上，复利自然会引领财富成长。相对而言，投资理财比创业要轻松些，只要方法正确，钱投资于股市、房地产，耐心等待十年、数十年，致富的成功率是非常高的。

早一天开始理财，便能早一天达到致富的目标，从而使自己与家人能越早享受致富的成果。而且越早开始投资，利上滚利的时间越长，时间充裕，所需投入的金额就越少，赚钱就越显得是一件轻松愉快的事。

一般而言，一个人在45岁以前，在投资方面不应采取“保守至上”的原则。正确的投资判断力来自经验，而失败是成功之母，想要培养正确的投资判断力，就必须经过一次或几次失败，那么何不趁年轻钱不多时先经历一些判断失败的磨炼，到了有钱时，便能发挥出准确投资的判断力。

巴菲特1996年被美国《财富杂志》评定为美国第二大富豪，是公认的股票投资之神。他到目前为止已拥有超过千亿美元的资产，这辈子的财富大多是从股市上赚来的。

他11岁时开始投资第一只股票，把自己和姐姐的一点儿小钱都投入股市。刚开始，一直赔钱，他的姐姐也一直骂他，而他坚持说要放三四年才会赚钱，结果姐姐把股票卖掉了，而他则继续持有，最后的结果验证了他的想法。巴菲特十几岁时，在哥伦比亚大学就读，在那一段日子里，跟他年龄相仿的年轻人只会游玩或是阅读一些休闲的书籍，但他却大啃金融学的书籍，这最终使得他在股票市场上得心应手、如鱼得水，钱越赚越多。1954年，他集资并投资创办顾问公司。在该公司资产增值30倍以上后，他解散公司，退还合伙人的钱，把精力集中在

自己的投资上，最后巴菲特成为美国有史以来真正的金融大亨，曾稳坐美国首富多年。

巴菲特从11岁就开始投资股市，他之所以能有如此众多的财富，这与他几十年坚定的投资参与意识和从小就开始总结失败走向成功的宝贵经验是分不开的。

对于很多穷人来说，少的是金钱，多的是时间，但是绝不可因为来日方长而不把投资计划提上日程。眼下有许多穷人的资金放任无序，他们以为“车到山前必有路”，理财的事儿可以往后放一放。或者干脆以“没有数字观念”“天生不善理财”等理由来逃避这个问题，这都是对自己不负责任的态度。一旦被迫面对重大财务问题时，他们只有任命运宰割的份儿。事实上，任何一项能力都并非天生就有，耐心学习与积累经验才是重点，你的理财计划规划进行得越早，享受回报的机会就会越多。

投资不乱投，找到适合自己的方式

如今家庭投资理财正呈现前所未有的多样化发展的趋势。由于每种投资方式和保值形态都具有多重性，而且，每个人情况互不相同，所以各个家庭只有根据自身的实际情况去选择合适的投资方式，才能有益于家庭资财的保值和增值。

有调查证明，我国的低收入群体，目前选择最多的投资理财方式依然是储蓄。在安全和保障上，储蓄有着它不可替代的优势，但同时我们也应该看到，储蓄也是一种相对滞后的方式。当通货膨胀的速度大于银行利率时的增长速度，你就只能眼睁睁地看着自己的钱一点点被侵蚀。

实际上，许多穷人也清楚单一的储蓄是对自己理财能力的束缚，只是还没有勇气再前进一步，去尝试基金、股票、黄金等其他的理财方式。所以我们的当务之急是培养自己拥有一个正确的投资心态和适当的冒险精神。当然，我们并非鼓励盲目投资、无目的地冒险，我们提倡的是建立在一种稳定心态基础上的勇敢精神。未来虽然充满风险，不过有一点必须相信的是，只要经济持续增长，企业获利的能力不断上升，你的冒险就更有可能获得相应回报，长期而言，整个资本市场的投资回报率必然会高于银行存款的利率，而且会高出许多。一再小心谨慎地回避值得一冒的风险，你将与致富彻底无缘。

在泰国，无人不知施利华，1998年泰国《民族报》把他评为“泰国十大杰出企业家”之首。他只是一家股票公司的老板，却靠投资股票净赚了几个亿。这件事在泰国商界引起了轰动，人们称他为“投资大王”。就在很多人认为他会成为股票大王时，他却放弃了股票，转而投资房地产，并把所有的积蓄和银行贷款孤注一掷地投了进去。一时间，舆论哗然，很多人

都认为他“犯下了投资大忌，必将破产”，他也被人称为“疯子”。施利华对此淡然一笑，只一心一意地经营自己认准的项目，也许是天意成全，他再次创造了奇迹，他投资的房地产生意在3年后给他带来了8亿美元的巨额利润。人们纷纷向他请教投资经验，他说：“我从不畏惧有风险的挑战，商场如战场，只有时时准备从零开始，才能保持着最佳状态。我相信奇迹，但我更相信自己。每一个投资者都应该相信自己，人云亦云者绝不会有什么大作为。”

当一个人能够控制恐惧感，他便能较容易地控制自己的思想和行为，他的自控能力也能让他在纷乱的环境下处变不惊，并能无畏于后果的不确定性，做该做的决定。当结果并不如其所愿时，他有充分的心理准备来承受失败的结果，而这种临危不乱的勇气与冒险精神，正是每一个投资人所应具备的良好心理素质。

现在我们对于投资已经有了一个初步的认识：投资有风险，但是没有风险也就没有收益。接下来的问题是，我们在那些令人眼花缭乱的投资方式中如何选出最适合自己的？

如今家庭投资理财正呈现前所未有的多样化发展的趋势。由于每种投资方式和保值形态具有多重性，而且，每个人情况互不相同，所以各个家庭只有根据自身的实际情况去选择合适的投资方式，才能有益于家庭资财的保值和增值。因此，每个投资者在选择投资方式时，应综合考虑多种因素，慎作投资决策。

有的人在房地产市场里如鱼得水，但做股票时却处处碰壁；有的人爱好集邮，上路很快，时间不长就小有成就，但对房地产投资却费了九牛二虎之力，仍找不到窍门。如果你是艺术方面的人才，你可以充分发挥你的专长，在书画等艺术投资领域一展身手，这是一般外行人难以介入的领地。如果你是一名从事具体工作的普通职员，你也不必灰心，你完全可以从你熟悉的领域入手，寻找适合自身特点的投资方式。相信有一天，你也会成为某一方面的“理财高手”。如果你对股票比较精通，信息也比较灵通，且有足够的时间去观察股票和外汇行情，不断地买进、卖出，你就可以将股票和外汇买卖作为投资的重点，并可以考虑进行短线投资。如果你是一名职员，上班时间非常严格，又不喜欢天天盯在股市上，你就可以选择投资基金。

创造财富是人人都想做的事情，同时也是一门学问，有钱人认为制定一个财富计划表对创造财富相当重要。创富者只能从实际出发，踏踏实实，充分发挥自己的知识，善于利用自我的智慧，这样，才有可能成为一个真正的富者。

开源节流，合理消费

事实证明，一些毫无意义的盲目消费，是吞噬我们金钱的黑洞。想要省钱做大事，你必须有物超所值的观念，或最起码你要懂得什么叫物有所值。省下生活中不必要的开支，可以使我们的生活更为从容有序，对自己的财商也是一种初步的锻炼。

穷人要想赚钱，要想迅速缩短与富人的距离，就应当最大限度地开发自己的能力去投资、理财、做生意，但如果你连自己的日常生活都安排得一塌糊涂，别的就更是奢谈了。所以省下生活中不必要的开支，不但可以使你活得更从容、更踏实，更是对你财商的一种锻炼。

如果你想积累财富，不外乎“找更高薪酬的职业”和“多省点钱”这两条渠道。加拿大理财专家达希·珍认为节省下来的一元，绝对大于你赚进的一元。

高收入就一定意味着富有吗？达希·珍举了这样一个例子：一位部长助理级的官员虽有15万加元的年薪，但为了面子，在衣着、汽车、应酬、停车、保险、豪宅上所花的钱实在太多了，根本没有什么积蓄。后来这位部长助理想通了以后，他辞职另谋“低”就，过简单一点的生活，反而比以前存了更多的钱。

如果有足够的财力，当然可以选择“高质量”的生活，但对于目前收入水平还不高的穷人来说，消费层次更应当与收入水平相匹配。当你每个月都有一部分钱不知道花在哪里时，就应当认真检视你的收支，进行合理的规划。

预算开销是一个很好的办法，它将会告诉你，你可以减少哪样不重要的项目的开支，去填补你想要做的大花费。

1.记录每一笔开销，对你的支出情形有清楚的了解

除非我们知道错在哪里，否则我们无法有任何改进。如果我们不知道在何处减少开支，为什么减少，以及减少什么，节约就是毫无意义的事。所以，我们应该在一段时期，记录下家庭所有的开销——例如，记录三个月。

有一对夫妻，当他们开始记录花销后，很惊讶地发现他们每个月要花很多钱用于买酒！然而，他们并不是酒鬼，只不过很欢迎朋友在兴致好的时候“到家里来喝一杯”——这种事情时常会发生。他们做了一个明智的决定，认为他们不能再开免费酒吧了，于是那些钱就得到了更好地利用。

2.依照你家庭的特殊需要，设计出你自己的预算

首先，把你这一年里固定的开销列出来——房租、食品费用、水电费、保险金等。然后计划你的其他必要但不固定的开销——衣服、医药费、教育费、交通费等。

3.至少要把每年收入的10%储蓄起来

规定你和你的家庭一个固定开销范围——至少要把10%的收入储蓄起来，或拿去投资。

财务专家说，如果你能节省收入的10%，即使物价再高昂，不到几年你就可以获得经济上的宽裕。

4.准备一笔应付意外或紧急用途的资金

大部分预算专家都会劝告每一个年轻的家庭，至少要存下1~3个月的收入，用于紧急事件。谁知道明天会发生什么呢？

5.使预算计划成为全家人的事

预算计划必须得到全家人的合作。关于家庭预算的讨论，往往可以消除情绪上的不和，因为我们对金钱的态度，都会受到自己经验、气质和教育程度的影响。

有了合理的预算方案，我们要认真地执行它才会有好的效果。事实证明，一些毫无意义的盲目消费，是吞噬我们金钱的黑洞。想要省钱做大事，你必须要有物超所值的观念，或最起码你要懂得什么叫物有所值。

吃得节俭些，少出去玩，喝便宜的酒，不买汽车，买地价低的房子……时刻意识到要减少开支并付诸行动的话，手头的钱一定会变得多起来的。

在富人和那些准富人手里，钱首先是资本，他们总是力求把钱用在最有价值的地方，以期望产生最大化的经济效益。在事业上，他们可以有一掷千金的投资，在生活上却没有普通人想象中那么奢华。美国的股神巴菲特是全球排在前三名的富翁，不过他的生活却非常简单，在2001年之前，他甚至连美国以外的地区都没有去过。他的食物就由汉堡和可乐构成，年轻时他只喝百事可乐，直到他买了可口可乐的股票，成为它的大股东之后，他才改喝可口可乐。

无论在什么情况下，消费的时候都不能倾其所有，必须有所保留。人类幸福的一大敌人就是贫穷，它会破坏人们的自由生活。节俭不仅是太平安逸的基础，更是我们积累本钱、投资获利的起点。

钱生钱，你更容易实现财务自由

> 一个人以自己的时间精力去挣钱，充其量只能维持基本的生存条件，要发展，还得把眼光放在“钱生钱”上，在投入和产出之间获得效益。你应该想办法让自己拥有多种收入来源。如果其中一种出了问题，也还会有其他收入来源支持着。

富字的下面是个田，而穷字的下面是个力，在古代，拥有土地、田野的人肯定是个富人，而干活出力的人一定是个穷人。田地就是古人的资本，富人自己种不了那么多也不必亲自种那么多，他们把田租给穷人然后收取一定的地租。穷人没有什么可经营的，他们能出卖的就只有自己的力气了。

现代的富人没了那么多田地，于是他们的经营直接转向了金钱，即使只有10元，在有投资习惯的人眼里也是一种资本，他们首先想到的是这10元能给自己带来多少效益，他们知道，无论多么辉煌的收益都是来自许多次小小投入的积累。这一积累终将有一天会成为他们的主要收入，即非工资收入。富人的收入来自他们的资产，如房地产租金、证券及他们的私有公司等。他们不会为钱本身去上班工作。他们的非工资收入已经远远多于那些靠上班工作收入的人。富人们即使是在玩，他们的那些投资也能为他们产生收入和回报。

我们民间有句俗语：“吃不穷，穿不穷，算计不到才受穷。”这句话之所以可以代代流传，本身就说明靠智慧开源致富的理念是经得住岁月考验的。如果一个人长期在贫穷的泥沼里打转转，那么一定是对自己现有的资金缺乏有效的经营。饮食起居的习惯可以影响一个人的健康，言谈举止的习惯可以表现一个人的修养，而用钱的习惯则可以决定一个人的贫富。

人类渴望拥有自由，“不自由，毋宁死”。但自由要有钱作为保障，有钱就有更多的自由。如果你有足够的钱，那么你不想去工作或者不能去工作时，你就可以不去工作；如果你没钱，那么不去工作的想法就显得太奢侈。所以你要追求财务自由而不是职业保障。

怎样实现个人的财务自由呢？拥有多种收入来源和多次持续性收入，是一个人拥有个人财务自由和时间自由的基础。

假如你想多拥有一种收入来源，你可能会找一份兼职工作。但这并不是真正意义上的多种收入来源。因为你这是在帮别人“卖命”。你应该有属于自己的收入来源。

这个收入来源就是“多次持续性收入”。这是一种循环性的收入，不管你在不在场，有没有进行工作，都会持续不断地为你带来收入。

“你每个小时的工作能得到几次金钱给付？”如果你的答案是“只有一次”，那么你的收入来源就属于单次收入。

最典型的单次收入就是工薪族的工资，工作一天就有一天的收入，不工作就没有。自由职业者也是一样，比如出租车司机，出车就有收入，不出车就没有；演员演出才有收入，不演出就没有；包括很多企业的老板，他们必须亲自工作，否则企业就会跑单，甚至会垮掉，这些都叫单次收入。

但多次持续性收入则不然，它是在你经过努力创业，等到事业发展到一定阶段后，即使有一天你什么也不做，仍然可以凭借以前的付出继续获得稳定的经济回报。要想获得多次收入，通常有以下几种方式：

第一种方式是通过知识产权获得持续收益。以一个作家为例，如果写出了畅销书，他会定期收到一笔相当优厚的版税。例如，金庸先生虽已退休隐居，但是每年的版税收入还是高达2000万元新台币。这就是持续性收入的威力——持续不断地把钱送入你的口袋。

第二种方式就是银行存款。存款达到一定数额后，你不用上班靠利息也能生活。利息属于典型的多次收入，但是银行的利率一般都太低。

第三种方式是投资理财。就是通过购买股票、基金、房地产等项目使你的财富升值。但这首先需要你有一笔很大的资金，而且还需要非常专业的机构帮你运作，才能确保你的投入能够产生稳定的经济回报。

第四种就是特许经营。像麦当劳、肯德基的老板即使什么都不做，每个月也能够获得全球所有加盟店营业额的4%作为权益金——因为你加盟了他们，就得向他们缴纳管理费用。

其实，有钱人真正的财富，不在于他们拥有多少金钱，而在于他拥有时间和自由。因为他的收入来源都属于持续性收入，所以他有时间潇洒地花钱。

致富先理财，理财是致富必修课

> 理财的理念并不像一些人所想的，只是投机、赚钱那么狭隘，人们生活消费、投资保险、退休、遗产分配等无一不与理财观念有关。我们必须树立这样的观念：我要靠投资理财变富，而不是变富之后再投资理财。

如今，人们的基本收入都在不断提高，消费项目也越来越多。除了最基本的赡养长辈、生育、教育子女、购房、购车外，像添购家具、全家旅游，以及希望退休后仍要拥有富足的人生等，不管是哪个阶段，哪一种生活要求，都必须要靠金钱来满足。做好理财，储备必要的经济能力，将是现代人必修的一个课题。换句话说，投资理财是每个人和每个家庭的基本需求，如同衣、食、住、行一样重要。

有些人收入不高，生活却过得有滋有味，并积蓄良多；有些人似乎收入颇丰，退休后却一文不名；有些人将钞票堆放在墙洞里随岁月一起腐烂；有些人暴富后却在赌桌上输得精光；有些人倾其毕生积蓄去买一只股票，结果却赔得一塌糊涂。

理财观念和方法正确与否带来的差异又何止如此！不过，

从现在开始，花点时间好好规划一下自己的财务，多数人是可以改善自己的财务状况的。

理财首先是对自己生活方式的一种选择，在这一点上，相信澳大利亚年轻的股票经纪人斯科特·佩普的观点，可以给我们一些启示：

在我的朋友圈子中，人们比拼的是汽车。他们不在意什么“速度与激情”，但是在所开车的车型上，无形中就有很多竞争。我现在是一名股票经纪人，单是这个名字就能让人联想到一种奢华的生活方式。我的同事们都开着最新式的四驱奥迪，或者最高档的宝马，而我却驾驶着一辆老掉牙的车。

我的朋友们都怀疑我的工作——这家伙不会是股票经纪公司里的清洁员吧？如果能挣那么多钱，为什么不去买一辆好车？我告诉他们，我只是在买辆好车和买其他东西之间做出选择罢了。别误会，我也很想开辆崭新锃亮的车四处转悠。当我翻到报纸上的汽车版时，我也会很长时间一动不动地盯着看。但是它们不适合我。

问题不在于买车要花多少钱，而在于我的优先顺序和他们不同。花2万英镑买辆车，每周待在里面的时间不超过10个小时，而且3年过后将贬值到7000英镑左右，你觉得有必要吗？我宁愿用这些钱去投资一栋房子。我分析，随着时间流逝，房子可以在一定程度上保值。而且我待在房子中的时间要比在车里多得多。

不幸的是，我的很多朋友都拥有了一辆会迅速贬值的靓车，并为之背上了一笔贷款。他们中大多数都到了要考虑买房的年龄，却发现自己还要从头开始。

人们的盲目消费，是投资理财的一大障碍。为了使自己拥有一个安定、美好的未来，我们必须明白什么才是目前最重要的。生活中有许多人就是因为缺乏理财技能的培训，以至于一辈子都为财务问题而伤神。

有些穷人或许会以为理财只是有钱人的事，自己的日常消费都捉襟见肘，哪有什么闲钱可理。其实这是一个彻彻底底的误区。这里面的因果关系是：你没钱，生活一塌糊涂，是因为你没有树立起正确的理财观念。要记住：我们要靠投资理财变富，而不是变富之后再去投资理财。

越是在贫困中的人，就越应当通过正确的渠道去解决自己的财务问题。如果暂时没有好项目，对于没有专业投资理财知识的人来说，与投资理财专家做朋友，也可以在一定程度上弥补自身不足。高收入群体的资金充裕，个人理财机构也会比较愿意做这类人的生意，但对于穷人来说，由于普通老百姓的资金量相对较少，利润并不丰厚，不是所有的个人理财机构都愿意为普通老百姓提供个人理财服务，所以低收入群体对专业理财机构的利用多表现为一种间接关系。

投资基金类产品，就是对专家的间接利用。我们可以考虑更多地投资基金类产品，把资金交给机构投资者去投资管理，然后收取稳定的回报。市场上不同的基金有很多，大家可以根据自身需要选择基金。

穷人切合实际的理财方式，代表着消费、储备、投资资金的正确比例与种子金钱的合理流向，预示着明天更好的收益。穷人致富，不仅要靠智商，更要靠财商。

参考文献

[1]元亨利.认知升级：突破思维的局限[M].北京：中国法制出版社，2020.

[2]冯雪.颠覆思想　突破思维：走向更加新奇的人生[M].北京：现代出版社，2015.

[3]中野明.超一流创意力：突破思维天花板的16堂练习课[M].汪媛媛，译. 北京：人民邮电出版社，2018.